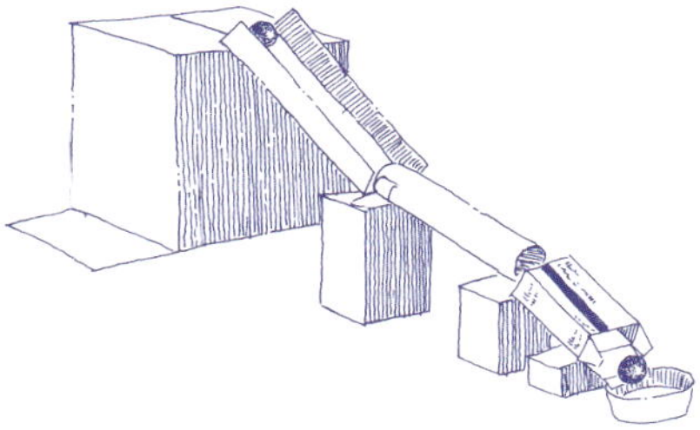

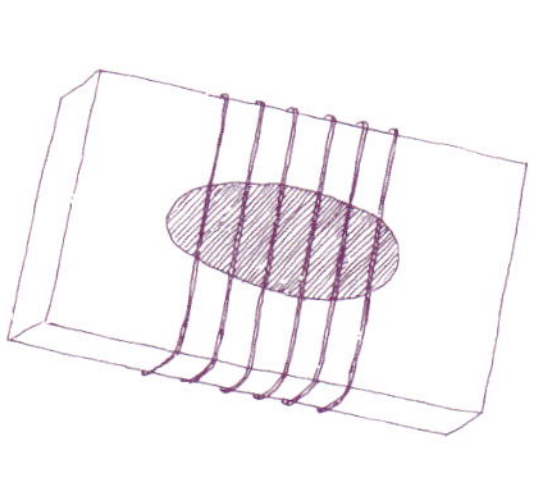

Hilde Köster

Fantasie Werkstatt Technik

Leichte technische Experimente für Kinder

CHRISTOPHORUS

Inhalt

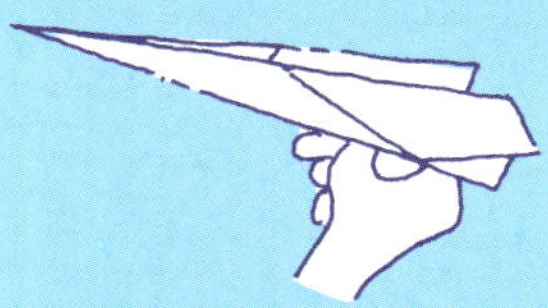

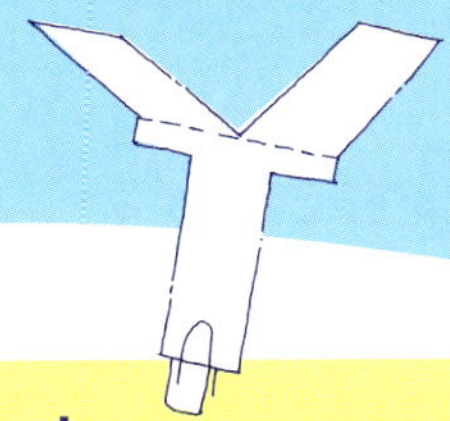

Einleitung 8

Schall 10
Bindfadentelefon 10
Glockenklang 11
Musikinstrumente 12
- Harfe 12
- Gitarre 13
- Rassel 13
- Ratsche 13
- Regenrohr 14
- Glockenspiel 14
- Trommel 15
- Klingspiel 15
- Glasorgel 15

Luft und Wind 16
Schraubflieger 16
Hubschrauber 16
Papierflieger 17
Fallschirmspringer 18
Schwebeball 19
Heiße Luft 20
- Heißluftballon 20
- Spirale 21

Wind 22
- Windrad 22
- Tischsegler 24
- Fächer 25
- Segelschiffchen 25

Wasser 26
Boot aus Schichten 26
Flaschentaucher 28
Wasserräder 30
- Stäbchen-Wasserrad 30
- Löffel-Wasserrad 31

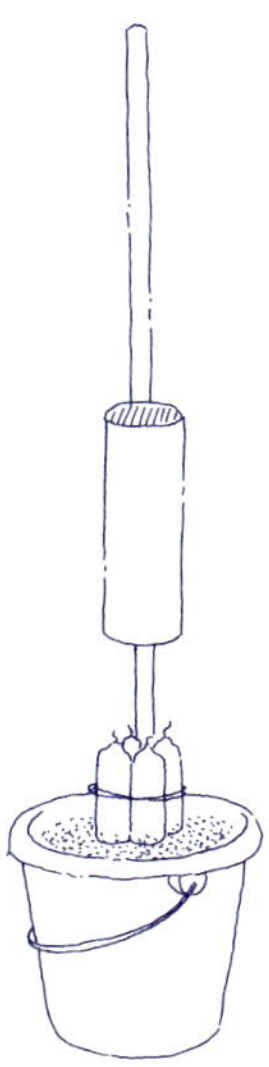

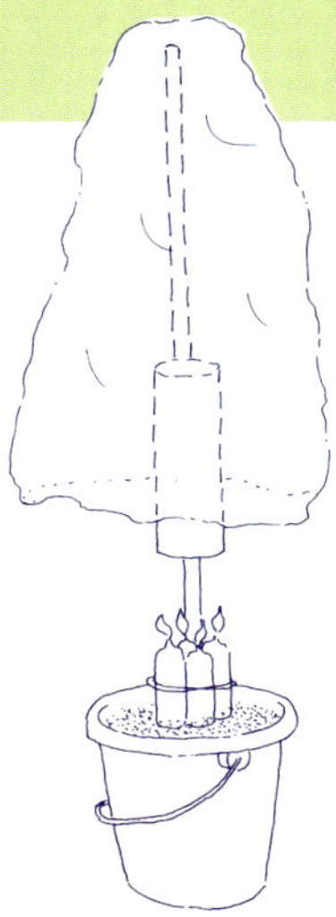

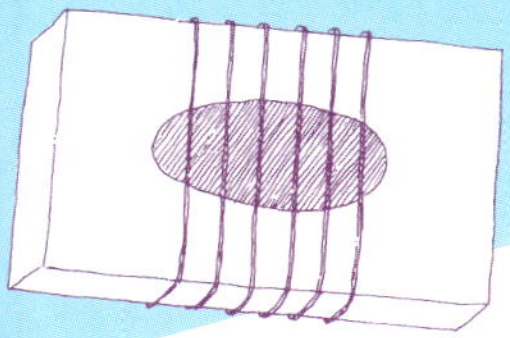

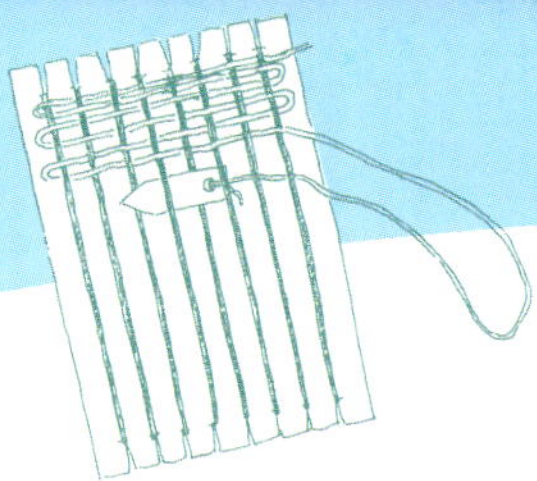

Bauen und konstruieren 32

Mauerbau 32

Türme, Häuser und Brücken 34

Kugelbahnen und Tunnel 36
- Sand-Kugelbahn 36
- Papp-Kugelbahn 37
- Tunnel 37

Im Gleichgewicht 38
- Wippe 38
- Schiefe Wippe 39
- Waage 39

Ein eigenes Theater bauen 40
- Kulissen 40
- Stabfiguren 41

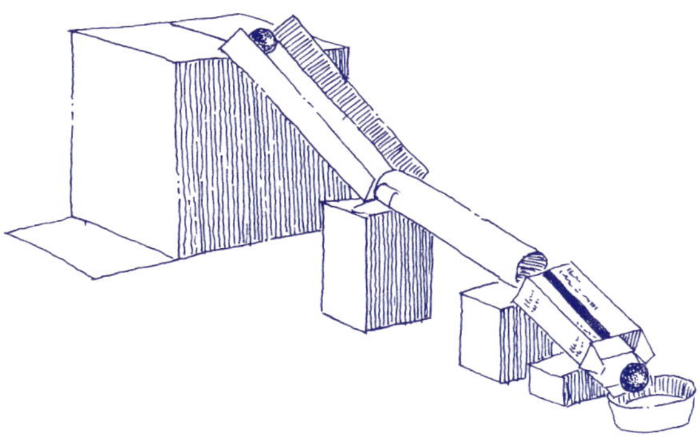

Bewegung 42

Auto 42

Lastwagen & Anhänger 44

Strandsegler mit Rädern 45

Hampelhase 46

Hampelmann 46

Schwimmer & Segelboot 48

Textil und Papier 50

Kordeln und Flechten 50

Weben 52

Papier herstellen 54

Kleisterpapier 55

Papier bedrucken 56

Stoffdruck mit Obst und Gemüse 56

Papier zu Figuren falten 58

Figurenreihen aus Papier 59

Einleitung

„Spielen ist die Arbeit des Kindes." Dieses italienische Sprichwort drückt aus, was Erzieherinnen Tag für Tag erleben: Kinder spielen ernsthaft. Sie versetzten sich ganz in Rollen hinein, sie versuchen, Geräusche von Autos, Motorrädern und Flugzeugen so genau wie möglich nachzuahmen, sie imitieren in Gesprächen Erwachsene, um auf diese Weise die Welt um sich herum besser verstehen zu lernen. Deshalb werden Spielzeuge auch in ihre Einzelteile zerlegt. Was Erwachsene „kaputtmachen" nennen, geschieht häufig nur aus dem Bedürfnis heraus, einer Funktionsweise auf den Grund zu gehen. In der spielerischen Auseinandersetzung mit der Umwelt versuchen Kinder, Zusammenhänge zu verstehen.

Technische Prinzipien intuitiv erfahren

Das Buch Fantasiewerkstatt Technik nimmt dieses Bedürfnis der Kinder ernst. Einfache Bastel- und Bauideen regen dazu an, bewegliche Gegenstände wie einen Hampelmann oder ein Auto selbst zu konstruieren, stabile Wände zu bauen, die auch einem Sturm gewachsen sind, einzelne Fäden in ein festes Gewebe zu verwandeln oder einen selbst gebauten Heißluftballon fliegen zu lassen.

Dabei werden wichtige technische Grundprinzipien im Spiel intuitiv erfahrbar: Papier wird durch Falten und Knicken stabiler, Mauern baut man am besten in der Versatzbauweise, Fahrzeuge brauchen Achsen und Räder, um rollen zu können, das Drucken ermöglicht die einfache Vervielfältigung von Bildern, Buchstaben und Zahlen. Es entstehen immer reizvolle Produkte zum Mitnehmen und Nachbauen. Alle Materialien sind Alltagsgegenstände und damit einfach zu beschaffen. Sie regen die Kinder auch dazu an, über eigene Kreationen und Ideen nachzudenken und diese zu verwirklichen. Ein wichtiges Ziel der Fantasiewerkstatt Technik ist es, das Schöpferische im Kind, seine Findigkeit und Fertigkeit zu fördern.

Staunen und Freude

Durch Ausprobieren und Experimentieren erwerben Kinder wichtige Vorerfahrungen mit naturwissenschaftlichen und technischen Phänomenen. Dabei ist es nicht von Bedeutung, dass die Kinder sagen könnten, aus welchem Grund das eine oder andere geschieht. Wichtiger ist, dass sie frei von äußeren Zwängen an die Phänomene und Experimente herangeführt werden und dabei ausgiebig staunen, lachen, sich wundern und freuen dürfen.

Literaturtipps zum Thema

- Gisela Lück
  Handbuch der naturwissenschaftlichen Bildung
  Verlag Herder, Freiburg 2003

- Gisela Lück
  Leichte Experimente für Eltern und Kinder
  Verlag Herder, Freiburg 2003

Schall

Das Hören ist für die meisten Kinder eine Selbstverständlichkeit. Dennoch wird der Schall durch Experimente plötzlich zu einem interessanten Phänomen. Schall braucht immer einen Stoff, der die Schallwellen überträgt. Im Allgemeinen gelangt der Schall durch die Luft an unsere Ohren. Die Erfahrung, dass man unter Wasser sehr deutlich hören kann, haben Kinder vermutlich bereits in der Badewanne gemacht. Aber auch feste Dinge leiten den Schall gut. Im Weltall, wo es keine Luft gibt, kann man übrigens gar nichts hören.

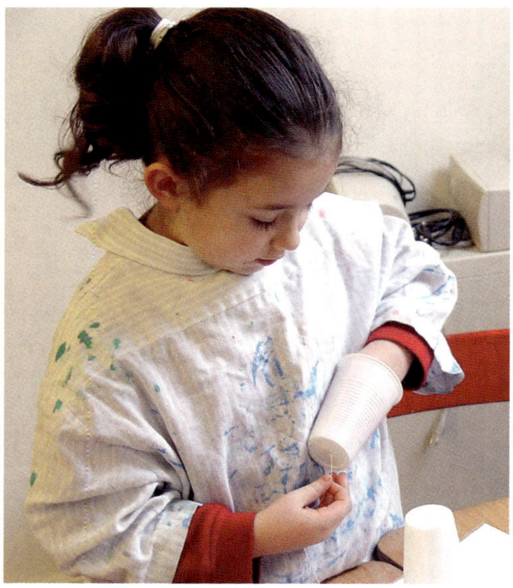

Bindfadentelefon

Bindfadentelefone sind beliebte Spielzeuge. Sie lassen sich aus Bechern oder Dosen herstellen und eignen sich gut zum Experimentieren: Welcher Bindfaden leitet den Schall am besten, welche Becher oder Dosen sollte man nehmen?

Das können die Kinder erfahren:
Dinge übertragen den Schall. Das kann man für ein Bindfadentelefon nutzen. Dabei muss der Bindfaden straff gespannt sein, sonst funktioniert das Telefon nicht.

Das wird gebraucht:
2 Becher (Trink- oder Jogurtbecher, Konservendosen), Bindfaden (z. B. Nähgarn, 2–4 m lang), 2 Streichhölzer, Prickelnadel oder Dosenpieker, Abtönfarbe, Pinsel

So geht's:
Zwei Becher bemalen. Mit der Prickelnadel in jeden Becher am Boden mittig ein Loch stechen. Durch jede Bodenöffnung ein Ende des Bindfadens fädeln.

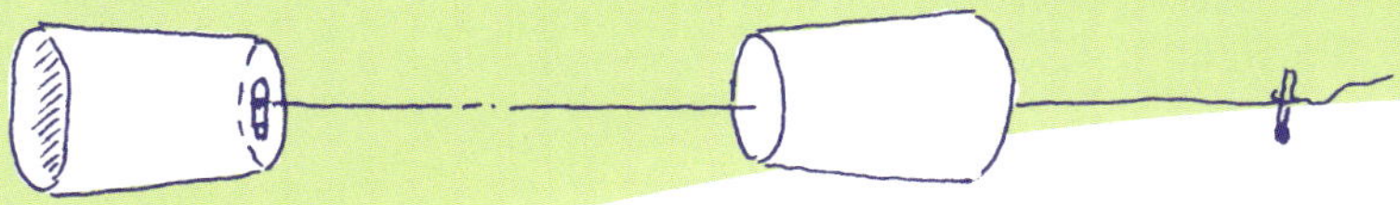

Die Bindfadenenden an je einem Streichholz festknoten, damit sie nicht mehr durch das Loch zurückrutschen können. Zum Telefonieren stülpt sich ein Kind den Becher über ein Ohr, das andere spricht in den zweiten Becher hinein.

Tipp:
Konservendosen eignen sich noch besser, jedoch sollten wegen der Verletzungsgefahr nur solche verwendet werden, die einen Deckel zum Abziehen haben (Nüsse).

Experimente:
- Ein Kind hält den Faden des Telefons straff (leitet gut) und spricht dann in den Becher. Dann wird der Faden etwas hängen gelassen und der Versuch wiederholt (funktioniert nicht).
- Die Kinder stellen sich in benachbarten Räumen auf und telefonieren miteinander. Hierdurch wird noch deutlicher, dass der Faden den Schall überträgt.
- Ein Kind brummt oder singt in das Telefon. Das andere Kind hält den Becher an die Lippen und versucht, die Schwingungen zu erfühlen.
- Die Kinder verwenden in einem ersten Versuch unterschiedliche Becher und Dosen, in einem zweiten Versuch werden die Fäden ausgetauscht. Auf diese Weise finden sie heraus, welche Kombination des vorhandenen Materials den Schall am besten leitet.

Glockenklang

Das wird gebraucht:
Metalllöffel, ein etwas dickerer Bindfaden, ca. 80 cm lang

So geht's:
Der Löffel wird mittig am Bindfaden festgebunden, sodass die beiden Enden herunterhängen. Die beiden Enden des Fadens um die beiden Zeigefinger wickeln. Gegen einen Tisch schlagen und den Klang hören. Dann die Finger in die Ohren stecken. Den Löffel frei hängen lassen und mit dem Löffel gegen einen Tisch schlagen.

Musikinstrumente

Kinder lieben Musik. Selbst gebaute Musikinstrumente vermitteln ein Gefühl für die Bedingungen, die notwendig sind, um einen Ton, einen Klang oder ein Geräusch zu erzeugen: Wichtig ist ein Resonator: Ein Körper, der durch den Schall in Schwingungen versetzt wird und den Klang verstärkt.
Bei Saiteninstrumenten müssen die Saiten in Schwingungen versetzt werden können.

Harfe

Das können die Kinder erfahren:
Gespannte Gummibänder geben beim Zupfen Töne ab. Je straffer das Gummi, desto höher der Ton. Wenn Gummis unterschiedlicher Länge gespannt werden, ergibt sich beim Zupfen eine Tonfolge. Die Kinder können außerdem beobachten, dass ein schlaffer Gummiring weniger oft hin- und herschwingt als ein straff gespannter.

Das wird gebraucht:
Leere Frischkäse- oder Margarineschale, Plakafarbe, Pinsel, 5 Gummis (verschiedene Größen)

So geht's:
Die Schale anmalen. Nach dem Trocknen die Gummibänder über die Schale spannen.

Experiment:
Die Kinder spannen unterschiedlich lange Gummiringe und vergleichen die Tonhöhe, die beim Zupfen entsteht.

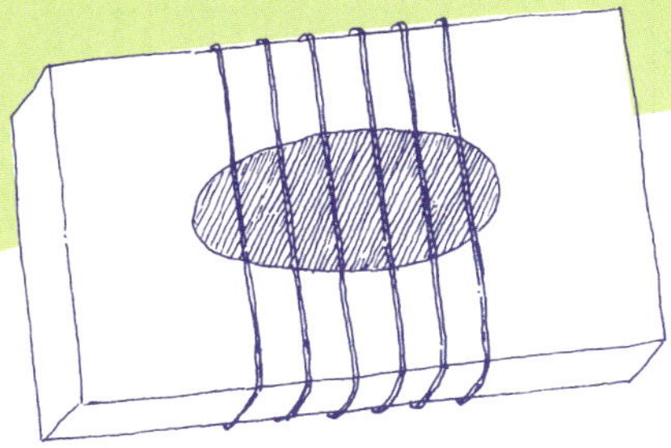

Gitarre

Eine Variante der Harfenidee ist eine einfache Gitarre.

Das können die Kinder erfahren:
Je nach seiner Länge ist der Gummiring stärker oder weniger stark gespannt. Der entstehende Ton ist dementsprechend höher oder tiefer.

Das wird gebraucht:
geschlossener Karton, oben ein ovales Loch eingeschnitten, lange Gummiringe in verschiedenen Längen

So geht's:
Etwa sechs Gummiringe werden so um den Karton gespannt, dass sie über dem Loch angezupft werden können.

Rassel

Das wird gebraucht:
2 Jogurtbecher, Reis (möglich sind auch Sand, kleine Steine oder Ahnliches), Flüssigkleber, Plakafarbe, Pinsel

So geht's:
Reis in einen Jogurtbecher füllen. Den zweiten Jogurtbecher mit der Offnung nach unten auf den ersten Becher kleben. Nachdem der Kleber getrocknet ist, kann die Rassel bunt bemalt werden.

Ratsche

Das wird gebraucht:
Konservendose mit geriffelter Oberfläche, Bleistift, Nagel, Filzstift usw.

So geht's:
Mit unterschiedlichen Stiften über die geriffelte Oberfläche streichen und Geräusche erzeugen.

Regenrohr

Das wird gebraucht:
Möglichst lange Papprolle (z. B. Postrolle), Nägel, Hammer, Transparentpapier, Klebstoff, Klebestreifen, getrocknete Erbsen, Reis, Sand

So geht's:
Die Nägel werden von außen in die Papprolle geschlagen. Das eine Ende wird verschlossen. Wenn keine Deckel vorhanden sind, kann Transparentpapier verwendet werden, das mit Klebestreifen befestigt wird. Dann füllen die Kinder Erbsen oder Reis ein. Indem sie das offene Ende mit einem Deckel verschließen oder mit der Hand zuhalten, probieren sie aus, wie ihre Rolle klingt, und füllen gegebenenfalls mehr Erbsen, Reis oder Sand nach. Nun wird das zweite Ende verschlossen. Als Verzierung werden bunte Transparent- oder Buntpapierschnipsel auf die Rolle geklebt.

Glockenspiel

Das können die Kinder erfahren:
Bei mit Wasser gefüllten Flaschen entscheidet die Füllhöhe über die Höhe des entstehenden Tons.

Das wird gebraucht:
5 gleiche Flaschen aus Glas, Wasser, Schlägel (z. B. Kochlöffel)

So geht's:
Die Flaschen mit Wasser füllen (in jede Flasche etwas mehr Wasser). Mit einem Kochlöffel die Flaschen anschlagen.

Tipp:
Die Flaschen an einen quer über zwei Stühle gelegten und befestigten Besenstil hängen und Tonfolgen spielen.

Trommel

Das wird gebraucht:
Konservendose, 2 Holzstäbe, Stoffstreifen, Flüssigkleber, buntes Transparentpapier, Klebestreifen (Gewebeband)

So geht's:
Die Konservendose wird rundherum mit Transparentpapierstückchen beklebt. Der Dosenboden bleibt frei. Für die Schlagstöcke werden Stoffstreifen einige Male um je ein Ende der Holzstäbe gewickelt und mit Gewebeband fixiert.

Klingspiel

Das wird gebraucht:
Kleiderbügel, verschiedene Metallgegenstände (Glöckchen, Löffel, großer Nagel, Schlüssel, Schere, Schöpfkelle usw.), Gummiringe oder Paketband, Löffel

So geht's:
Die Kinder befestigen die Gegenstände mithilfe von Gummiringen oder Paketband an der Querstrebe des Bügels. Der Bügel wird aufgehängt. Mit einem Löffel werden die Gegenstände einzeln angeschlagen oder schnell der Reihe nach. Hängt der Bügel relativ frei, kann er in Pendelbewegung versetzt werden, wodurch die Gegenstände aneinander schlagen und klingen.

Glasorgel

Das können die Kinder erfahren:
Bei mit Wasser gefüllten Gläsern entscheidet die Füllhöhe über die Höhe des entstehenden Tons.

Das wird gebraucht:
5 bis 8 gleiche Weingläser, Wasser

So geht's:
Die Gläser mit Wasser füllen (in jedes Glas etwas mehr Wasser). Mit einem nassen Finger über den Glasrand gleiten, bis ein Ton erklingt.

Luft und Wind

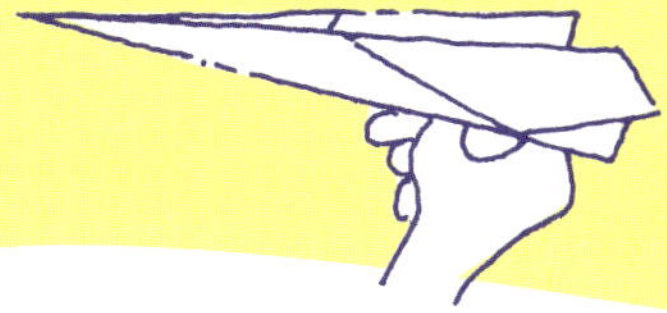

Die Energie der bewegten Luft wussten die Menschen schon früh zu nutzen. Sie bauten Windmühlen, um das Mahlen des Korns zu erleichtern und legten mit Segelbooten weite Strecken zurück. Die Kinder können im Spiel ausprobieren, wie sich die Luft mithilfe technischer Erfindungen für vielfältige Zwecke verwenden lässt.

Schraubflieger

Das wird gebraucht:
rechteckige, bunte Papierstreifen, ca. 2 cm breit, Schere

So geht's:

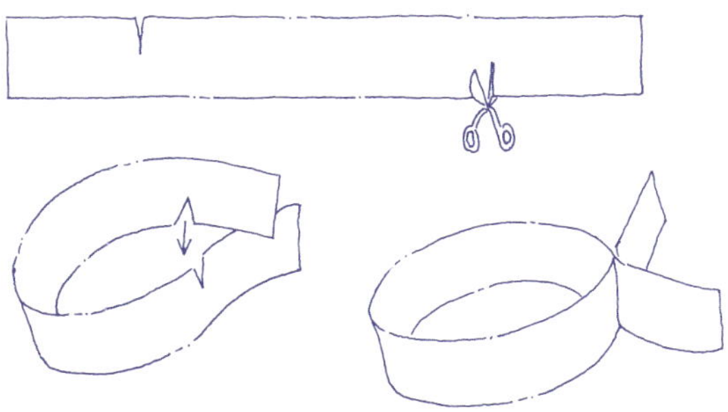

Tipp:
Den Schraubflieger von einer hohen Position aus fallen lassen.

Hubschrauber

Das wird gebraucht:
rechteckige, bunte Papierstreifen, ca. 5 cm breit und 11 cm lang, Schere, Büroklammern

So geht's:

Experimente:

- Die Kinder versuchen, den Hubschrauber ohne die Büroklammer fliegen zu lassen. Er fällt in der Regel trudelnd zu Boden.
- Sie untersuchen, wie viele Büroklammern sich anheften lassen (ca. 6 Stück) und wie sich das Flugverhalten bei mehr Gewicht verändert (wird stabiler).

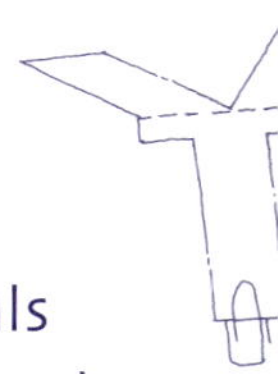

Tipp:
Die Büroklammern können als Kette aneinander gehängt werden.

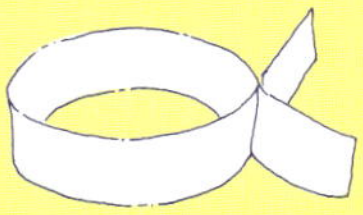

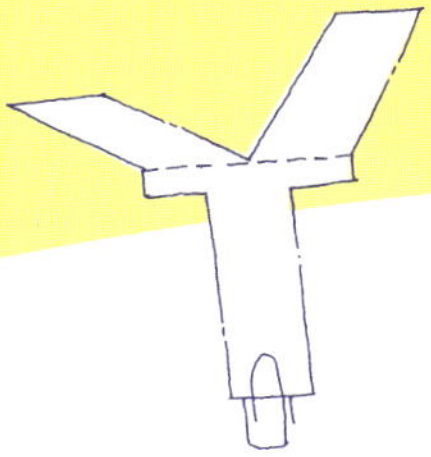

Papierflieger

Das wird gebraucht:

rechteckige Papierbögen in bunten Farben

So geht's:

1.

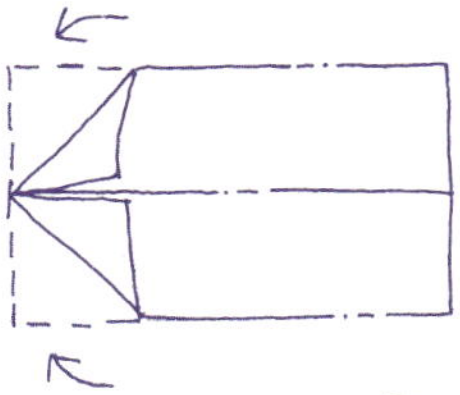

2.

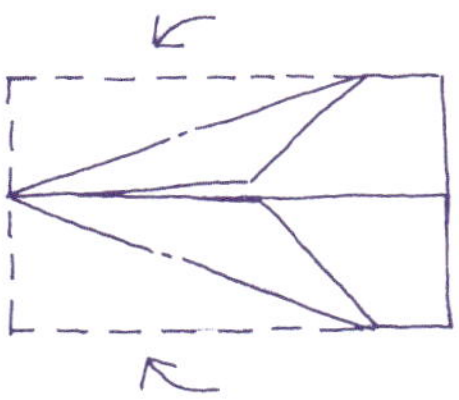

3. dann wenden

4.

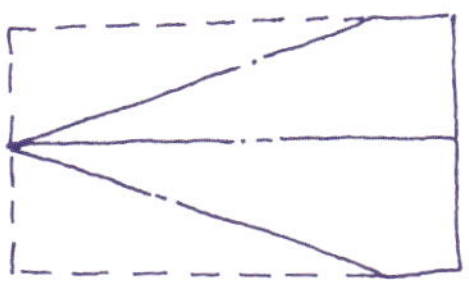

5.

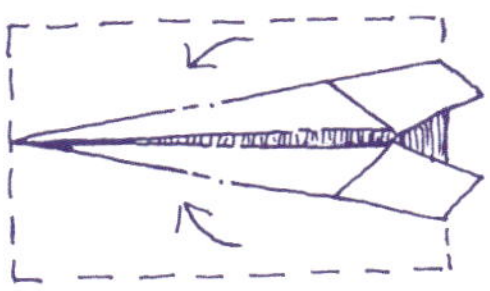

6. dann wenden und mittig aufeinander klappen

7.

8.

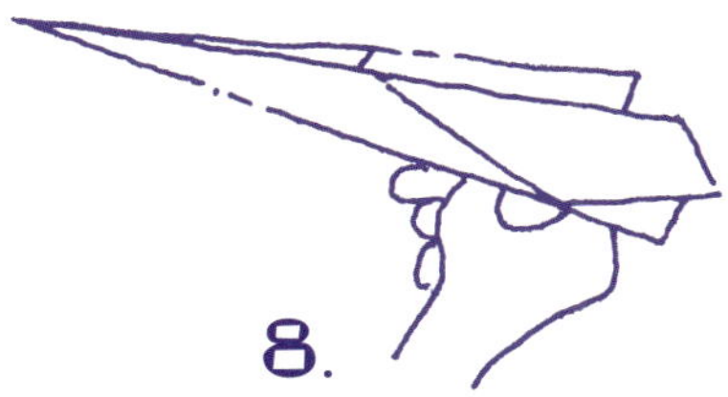

Flieger

Flieger nutzen den Luftwiderstand mithilfe von Tragflächen. Werden sie in die Luft geworfen, gleiten sie auf der Luft langsam abwärts. Die Energie, die ihnen durch die Armbewegung mitgegeben wird, können sie so in eine Vorwärtsbewegung umsetzen. Je nachdem, wie die Tragflächen oder Flügel geformt sind, kann sich wie beim Schraubflieger und Hubschrauber aber auch eine Drehbewegung ergeben, mit der sich z.B. fliegende Samen durch die Luft „schrauben". Der Hubschrauber dreht sich schneller, sinkt aber auch schneller, wenn mehr Gewicht an ihm hängt.

Luft und Wind

Fallschirmspringer

Das können die Kinder erfahren:
Luft bremst den Fall von leichten Dingen oder von solchen ab, die eine große Oberfläche besitzen (Fallschirm und Schwebeball).

Das wird gebraucht:
sehr leichte Plastik-Obsttüte (aus dem Supermarkt), Paketband, Pfeifenputzer (evtl. verschiedene Farben), ein Stück dicken Strohhalm (ca. 3 cm), Kleber

So geht's:
Für den Fallschirmspringer: Um das Strohhalmstück werden drei Stücke Pfeifenputzer so gewickelt, dass ein Kopf, Arme und Beine entstehen (eventuell mit Kleber fixieren). An den Kopf des Männchens ein Stück Paketband knoten.

Für den Fallschirm: An jeden Henkel der Obsttüte ein Ende des Stücks Paketband knoten.

Experimente:

- Die Kinder lassen den Fallschirm (auf einem Stuhl stehend) fallen und beobachten, was passiert. (Die Tüte fällt in sich zusammen.)
- Das Männchen wird an den Fallschirm geknotet und der Fallschirm nochmals fallen gelassen. Nun füllt sich die Tüte mit Luft und fällt stabiler.
- Es werden mehrere Männchen an den Fallschirm geknotet. Die Kinder beobachten, ob der Fallschirm mit einem oder mehreren Männchen besser „fliegt".
- Die Kinder fassen den Fallschirm (auf dem Boden stehend) an der Spitze an und werfen ihn mit Schwung in die Luft. Dabei sollen sie besonders das Männchen beobachten. Es fliegt erst hoch, fällt dann unter den Schirm und wird abgebremst.

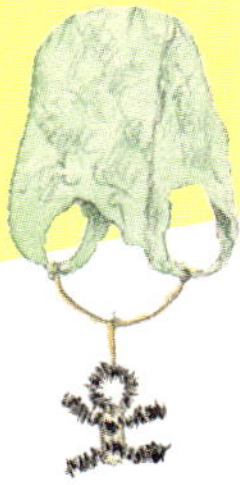

Schwebeball

Das wird gebraucht:
Strohhalm zum Abknicken, Draht, Watteböllchen mit Loch (aus dem Bastelgeschäft) oder kleine Styroporkugel

So geht's:
Durch das Wattebällchen ein Drahtstück schieben. Den Strohhalm rechtwinklig umknicken und das Wattebällchen auf den Strohhalm setzen.

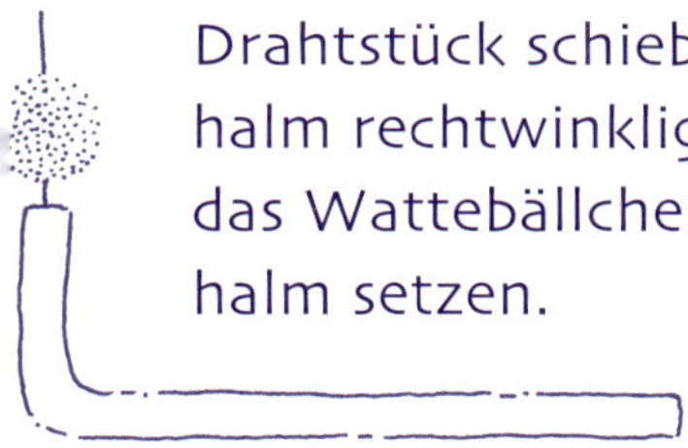

Experimente:

- Das Wattebällchen wird durch festes Pusten in den Strohhalm zum Schweben gebracht.
- Etwas mehr Geschick erfordert es, das Wattebällchen ohne Draht zum Schweben zu bringen.
- Die Kinder versuchen, Glasperlen und Holzkugeln als Bälle zu verwenden und auszuprobieren, ob sie zum Schweben gebracht werden können.

Fallschirme

Fallschirme öffnen sich im Luftstrom und werden dann in ihrer Fallgeschwindigkeit abgebremst. Die Sinkgeschwindigkeit hängt von der Größe des Fallschirms im Verhältnis zum angehängten Gewicht ab: Je größer das Gewicht, desto größer muss die Oberfläche des Fallschirms sein. Der Schwebeball wird von der Luft an allen Seiten gleichmäßig umströmt. Deshalb hält er sich recht stabil in seiner Position, sodass ein Schweben mit etwas Geschick auch dann glücken kann, wenn der Draht fehlt.

Luft und Wind

Heiße Luft

Warme Luft steigt nach oben. Das haben manche Kinder im Sommer bereits wahrgenommen, wenn über der Landschaft ein Flirren zu sehen ist. Im Allgemeinen sieht man die heiße Luft aber nicht aufsteigen. Erst „Vermittler" wie ein Heißluftballon oder eine Wärmespirale können indirekt zeigen, dass eine Aufwärtsbewegung entsteht, wenn Luft erwärmt wird.

Heißluftballon

Das können die Kinder erfahren:
Warme Luft steigt hoch und kann Gegenstände mit sich nehmen.

Das wird gebraucht:
sehr leichte Mülltüte, 3 bis 4 Kerzen (keine Teelichte), lange Würstchendose an beiden Seiten offen, Gewebe-Klebeband, Holzstab (ca. 80 cm lang), Eimer mit Sand, Feuerzeug

So geht's:
Dose in einer Höhe von ca. 30 cm (eben über den Kerzen) mit Klebeband am Stab befestigen. Den Stab nahe der Eimerwand in den Sand stecken. Die Kerzen eventuell zusammenbinden und im Sand so aufstellen, dass sie gerade unter der Dose stehen. Die Mülltüte über Stab und Dose stülpen. Die Tüte darf die brennenden Kerzen nicht berühren können (eventuell längeren Stab wählen oder Tüte kürzen).

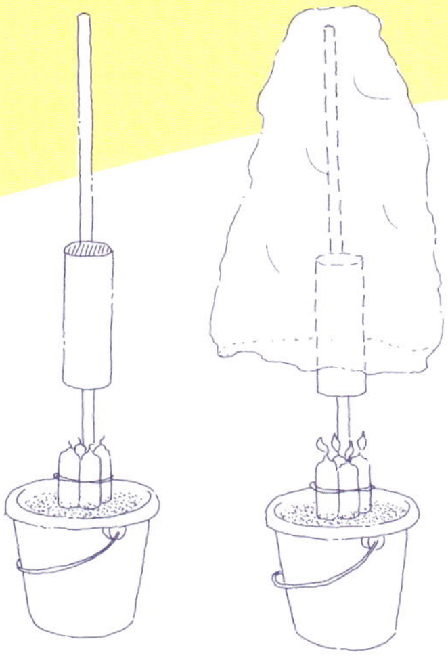

Tipp:
Am Rand des Beutels verteilt sechs Büroklammern zur Stabilisierung befestigen.

Experimente:
- Zunächst sollte nur eine Kerze angezündet werden. Die Kinder beobachten, was passiert. (Der Ballon bläht sich durch die aufsteigende Luft etwas auf.)
- Nach und nach werden mehrere Kerzen angezündet, bis der Ballon abhebt und an die Decke schwebt. In der Regel genügen drei Kerzenflammen.

Spirale

Das wird gebraucht:
feste Alufolie (von Aufbackkuchen oder -pizza), Schere, Schaschlikspieß, Knetgummi, Teelichte, Feuerzeug

So geht's:
Spirale aus Alufolie ausschneiden und etwas auseinander ziehen. Die Mitte leicht auf das spitze Ende des Holzstabs drücken, sodass die Spirale sich gut drehen kann (nicht durchstechen). Stab in das Knetgummi drücken und aufstellen. Teelichte darunter stellen und anzünden.

Warme Luft

Warme Luft dehnt sich aus, wenn sie erwärmt wird. Dadurch wird sie im Vergleich zur umgebenden Luft leichter und steigt hoch. Eine leichte Tüte kann mit hochsteigen. Wenn sich die Luft in der Tüte abkühlt, sinkt der „Ballon" wieder nach unten. Heißluftballone müssen daher einen Brenner dabei haben, der hin und wieder die Luft neu erhitzt.

Luft und Wind

Wind

Der Wind ist bewegte Luft. Im Wind ist Energie gespeichert, die sich vielfältig nutzen lässt: Windräder wandeln die Energie in Bewegung um. Dadurch wurden früher Mühlsteine zum Mahlen von Mehl angetrieben. Heute wird die Bewegungsenergie von Windrädern vor allem in elektrische Energie umgewandelt.

Windrad

Das können die Kinder erfahren:
Das Windrad dreht sich im Wind oder wenn es seitlich angepustet wird. Je nach Windstärke dreht es sich langsamer oder schneller. Ein Windrad muss leicht auf der Achse laufen, darf nicht zu groß und nicht zu schwer sein.

Das wird gebraucht:
Schaschlikspieß, stabiler Draht (8 bis 10 cm lang), Klebeband, quadratisches Bastelpapier (Origami- oder Regenbogenpapier), Bleistift, Schere, Prickelnadel, 2 Perlen, Klebstoff, Blumentopf mit Erde als Fuß

So geht's:
Ein Erwachsener wickelt den Draht einige Male um das stumpfe Ende des Schaschlikspießes. Etwa 6 cm des Drahts sollen im rechten Winkel abstehen. Daran wird später das Windrad befestigt. Zur Vermeidung von Verletzungen sollte der aufgewickelte Draht mit etwas Klebeband ummantelt werden.

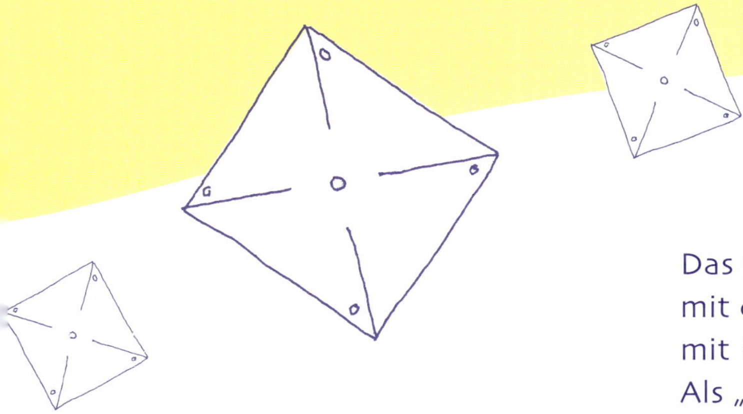

Auf dem Papierquadrat werden Einschnittlinien wie in der oben stehenden Zeichnung eingezeichnet und die Punkte markiert.
Die Kinder schneiden oder prickeln entlang der Linien und stechen die markierten Punkte durch. Sie stecken eine Perle auf das abstehende Stück Draht. Der Draht wird nun durch das mittlere Loch des Windrads gesteckt. Anschließend werden die äußeren Löcher nacheinander auf den Draht geschoben.

Die zweite Perle wird mit einigem Abstand zum Windrad auf den Draht geschoben und dort festgeklebt. Dabei muss darauf geachtet werden, dass das Windrad selbst nicht mit festgeklebt wird und es sich noch frei drehen kann.

Das Ende des Drahtes wird bündig mit der Perle abgeschnitten oder mit Klebeband ummantelt.
Als „Fuß" kann ein mit Erde gefüllter Blumentopf dienen.

Tipp:
Windräder bauen die Kinder am besten zu zweit.

Windräder

Die Funktion von Windrädern beruht auf einer gerichteten Anströmung. Wenn der Wind auf ein „Rotorblatt" trifft, wird dieses seitlich weggedrückt. Da das Rad über die Achse drehbar gelagert ist, wird die seitliche Bewegung in eine Rotation umgewandelt. Dadurch, dass es mehrere Rotorblätter gibt, wird die Drehbewegung in Gang gehalten. So wird die zugeführte Energie des Windes in Bewegungsenergie umgewandelt.

Luft und Wind

Tischsegler

Das können die Kinder erfahren:
Segelschiffe bewegen sich, wenn der Luftstrom das Segel trifft. Wind kann man durch Pusten selbst erzeugen.

Das wird gebraucht:
Streichholzschachteln, Zahnstocher, Klebstoff, buntes Papier

So geht's:
Aus dem Papier wird ein Dreieck ausgeschnitten. Das Segel wird mittig geknickt und am Zahnstocher festgeklebt. Dieser „Mast" wird in die Streichholzschachtel gesteckt. Die Tischsegler werden auf einen glatten Tisch gestellt und durch Pusten bewegt.

Experimente:

- Die Tischsegler werden unten und oben angepustet. Die Kinder probieren aus, wie sie am schnellsten gleiten und stellen fest, dass möglichst viel Wind in das Segel fallen muss.
- Sie verändern die Segelstellung und beobachten, dass das Boot die Richtung ändert bzw. still steht.
- Es können unterschiedliche Segelformen und -größen getestet werden.
- Die Kinder erzeugen Wind mit einem Föhn und beobachten, welche Wirkungen das auf die Beweglichkeit und Schnelligkeit der Tischsegler hat. Der Windstrahl kann die Segler umkippen (Sturm), sie aber auch schnell machen.

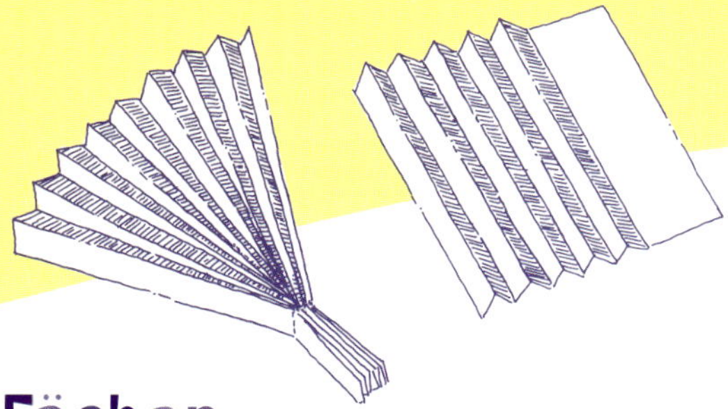

Fächer

Das können die Kinder erfahren:
Durch einen Fächer beschleunigte Luft kühlt die Haut.

Das wird gebraucht:
buntes Papier, Kleber

So geht's:
Aus dem Papier wird durch mehrmaliges ziehharmonikaartiges Hin- und Herfalten ein Fächer hergestellt. Das untere Ende wird zusammengeklebt oder geheftet.

Segelschiffchen

Das wird gebraucht:
Styroporreste (ca. 10 cm x 15 cm), Schaschlikspieße, buntes Papier, Faden

So geht's:
Aus dem Papier wird ein viereckiges Segel ausgeschnitten, das etwa die Länge des Schaschlikspießes hat. Das Segel wird etwa 3 cm vom oberen und unteren Rand mit dem Spieß durchstochen. Dieser „Mast" wird in das Styroporteil gesteckt, das vorher in eine Bootsform gebracht wurde. Die Schiffchen mit einem langen Faden versehen, damit sie zurückgeholt werden können, und auf einem Teich schwimmen lassen.

Segelschiffe

Auf Segelschiffen wurde die ganze Welt erobert. Inseln und Kontinente wurden entdeckt und besiedelt, Waren aus aller Welt in alle Welt transportiert. Entdecker und Naturforscher nutzten Segelschiffe, um unbekannte Ozeane und Regionen der Erde zu erforschen und bis in die entlegensten Winkel vorzudringen. Heute sind die großen Segelschiffe durch Motorschiffe abgelöst. In unseren Breiten ist das Segeln aber ein beliebtes Freizeitvergnügen geblieben, weil es so faszinierend ist, die Kraft des Windes auf so einfache Weise zu nutzen.

Wasser

Wasser stellt für Techniker eine Herausforderung dar: Man möchte einerseits Schiffe bauen, die nicht untergehen: Sie dürfen sich nicht voll Wasser saugen, nicht verrosten und müssen stabil genug gebaut sein, um den Wellen zu trotzen. Taucher sollen aber unter Wasser bleiben können. Sie brauchen Luft, um zu atmen, aber dieser Luftvorrat würde sie wie Korken an der Oberfläche treiben lassen. Deshalb presst man die Luft zusammen. Sie wird dann dichter und hat weniger Auftrieb.

Um die Energie fließenden Wassers nutzen zu können, baute man bereits sehr früh Wasserräder. Einige dieser wichtigen technischen Errungenschaften können die Kinder spielerisch in diesem Kapitel kennen lernen.

Boot aus Schichten

Beim Bootsbau nutzt man unterschiedliche Verfahren. Durch das Übereinanderlegen und Verkleben (Laminieren) von Glasfasermatten kann zum Beispiel ein fester und sehr beständiger Bootsrumpf entstehen.

Das können die Kinder erfahren:
Aus feuchten Schichten kann eine Form modelliert werden, die nach dem Trocknen fest wird.
Durch wieder verwendbare Formschalen werden Serienfertigungen möglich (wenn Flaschenhälften

mehrmals verwendet werden).
Lack kann Papier wasserdicht versiegeln.

Das wird gebraucht:
Plastikwasserflasche (0,5 l), Schere, Zeitung, Tapetenreste (keine Raufaser) oder festes Papier, Kleister, Schüssel, wasserfester Lack, Pinsel, abwaschbare Unterlage, Kittel
Zum Ausgestalten der Boote:
z. B. Schaschlikstäbchen, Styropor, Korken, Papierschachteln, Stoffreste

So geht's:
Mit einer Schere die Flaschen längs in zwei Hälften teilen (so entstehen zwei Bootsformen). Flaschenhälfte mit der offenen Seite nach unten auf die Unterlage legen. Die Tapete und die Zeitung in kleine Stücke reißen. Mit dem Kleister eine Schicht aus Zeitungsschnipseln und anschließend eine Schicht aus Tapetenstücken aufkleben. Diesen Vorgang wiederholen, bis mindestens

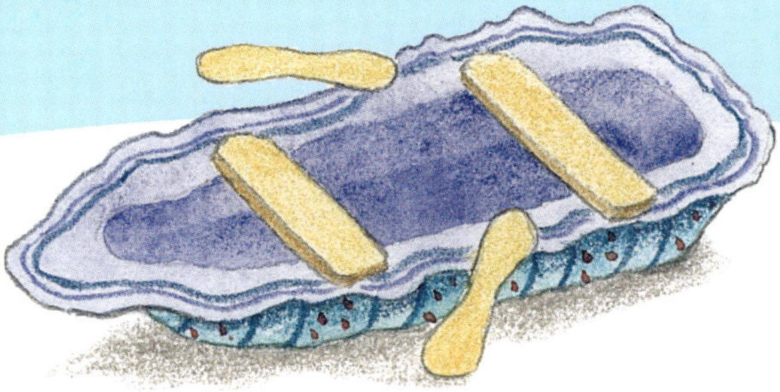

vier Schichten aufgebracht sind.
Die Papierschichten so kleben, dass ein (Boots-)Rand auf der Unterlage verbleibt – ähnlich wie ein Hutrand. Nach dem Trocknen (2 bis 3 Tage) die Flaschenhälfte aus dem Boot trennen und mit wasserfestem Lack versiegeln und ausgestalten (z. B. mit Paddeln, Sitzbänken oder einem Segelmast).

Tipp:
Das Kleistern der vier Schichten dauert mindestens eine halbe Stunde. Die Kinder sollten bei jeder Schicht mit dem „Hutrand" anfangen. Durch den Wechsel von Zeitungspapier- und Tapetenschichten können die Kinder sehen, wo schon eine Schicht geklebt ist. So wird verhindert, dass zu wenig Schichten aufgetragen werden. Außerdem ist Tapete dicker als Zeitung, sodass insgesamt vier Schichten ausreichen.

Flaschentaucher 1

Flaschentaucher sind faszinierende Spielzeuge, die bereits für kleine Kinder leicht zu handhaben sind.

Das können die Kinder erfahren:
Der Taucher sinkt, wenn die Flasche gedrückt wird. Er schwebt, wenn man den Druck beibehält, steigt hoch, wenn der Druck nachlässt.

Das wird gebraucht:
kleines Aromafläschchen aus dem Backbedarf, kleine Plastikflasche mit Wasser

So geht's:
Das Aromafläschchen wird so weit mit Wasser gefüllt, dass es gerade noch schwimmt. Es muss mit der Öffnung nach unten schwimmen. Die Flasche randvoll (!) mit Wasser füllen und das unverschlossene Aromafläschchen als Taucher hineinsetzen. Dann die Flasche fest zuschrauben. Nun mit beiden Händen auf die Flasche drücken.

Tipp:
In den Taucher eine aufgebogene Büroklammer hineinhängen und mit Knetgummi beschweren, damit er aufrecht schwimmt. Plastiküberzogene Büroklammern nehmen, weil diese nicht so stark rosten.

Experimente:
Die Kinder können versuchen, den Taucher

- so tief wie möglich sinken, in der Mitte schweben und tanzen zu lassen. Dabei beobachten die Kinder, was innerhalb des Tauchers geschieht: Die Luft wird beim Druck auf die Flasche zusammengedrückt, es dringt mehr Wasser ein und der Taucher hat weniger Auftrieb. Er sinkt oder schwebt in der Mitte.
- Sie können größere oder kleinere Mengen an Knetgummi anbringen, um die Tauchfähigkeit bei mehr oder weniger Gewicht zu testen.

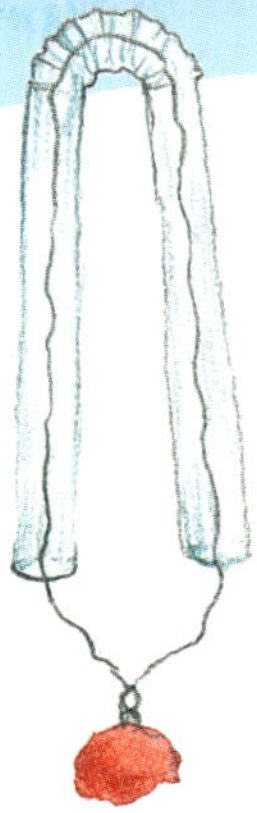

Flaschentaucher 2

Das wird gebraucht:
durchsichtige Trinkhalme mit Knickstelle, Schere, Rosendraht, Drahtschere, Knetgummi, Plastikflasche mit Wasser

So geht's:
Den Trinkhalm nach der Knickstelle so abschneiden, dass die Trinkhalm-Enden links und rechts von der Knickstelle gleich lang sind. Ein Stück Draht durchziehen, verdrillen und auf das Ende eine Kugel Knetgummi stecken. Den Taucher mit Wasser füllen, sodass er gerade noch schwimmt. Dafür eventuell die Größe der Knetgummikugel ändern. Er muss mit der Öffnung nach unten schwimmen. Die Flasche randvoll (!) mit Wasser füllen und den Taucher hineinsetzen. Dann die Flasche fest zuschrauben. Nun mit beiden Händen auf die Flasche drükken. Eventuell müssen mehrere Kinder auf die Flasche drücken.

Experimente:
Die Kinder können den Taucher
- mit mehr oder weniger Wasser füllen und testen, wie er sich verhält. Bei zu wenig Wasser sinkt er nicht ab, bei zu viel Wasser sinkt er gleich zu Boden.
- mit mehr oder weniger Knetgummi (Gewicht) testen und beobachten, wie sich das Schwebeverhalten verändert. (Durch etwas Knetgummi wird der Taucher stabilisiert, durch zuviel sinkt er zu Boden.)

Flaschentaucher

Flaschentaucher heißen auch Cartesianische Taucher. Ihre Funktionsweise beruht darauf, dass sich Luft zusammenpressen lässt, Wasser aber nicht. Durch den Druck auf die Flasche wird der Druck auf das Wasser erhöht. Da es nicht zusammenpressbar ist, wird die Luft im Taucher zusammengedrückt. Das kann man beobachten, wenn der Trinkhalm durchsichtig ist. Nun ist mehr Wasser im Taucher, er sinkt nach unten. Lässt man die Flasche los, dehnt sich die Luft wieder aus, das Wasser wird herausgedrückt und der Taucher steigt wieder.

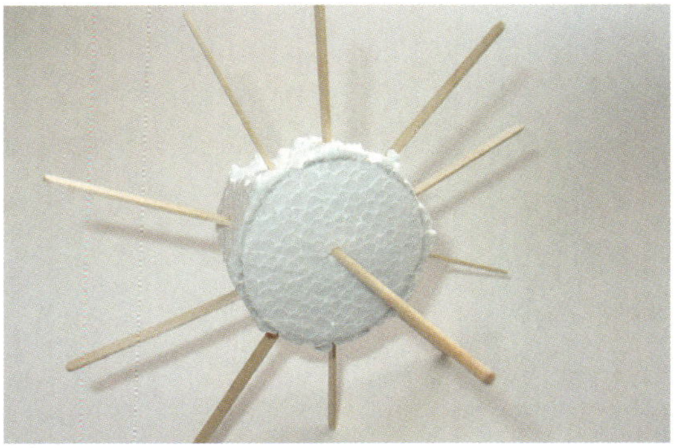

Stäbchen-Wasserrad

Das wird gebraucht:
Styropor, Prickelnadel, Eisstäbchen, Papp- oder Plastikstückchen (Rückseite von Schnellheftern), Schaschlikspieße

Wasserräder

Wasserräder dienen dazu, Energie, die durch Wasser übertragen wird, so umzuwandeln, dass eine Drehbewegung entsteht. Dadurch wurden früher z. B. Mühlsteine zum Mahlen von Mehl angetrieben. Heute wird die Bewegungsenergie von Wasserrädern vor allem in elektrische Energie umgewandelt.

Das können die Kinder erfahren:
Ein Wasserrad dreht sich besonders gut, wenn das Wasser senkrecht und möglichst weit außen auf die Schaufeln trifft. Es dreht sich schneller, wenn der Wasserstrahl kräftiger ist. Mit breiten Schaufeln läuft das Rad besser als mit schmalen.

So geht's:
Mit einem Becher wird ein Kreis auf das Styropor gezeichnet. Die Scheibe wird mit Prickelnadeln herausgearbeitet. Die Stäbchen werden gleichmäßig verteilt in den Außenrand der Scheibe gesteckt. Der Spieß wird mittig durch die Styroporscheibe gesteckt und dient als Achse. Unter dem Wasserhahn werden die Wasserräder getestet.

Tipp:
Wenn ein Bach in der Nähe ist, kann die Achse in zwei Astgabeln gelegt werden.

Löffel-Wasserrad

Das wird gebraucht:
Knete, Kunststofflöffel, Schaschlikspieß

So geht's:
Aus der Knete wird eine Kugel geformt. Der Spieß wird mittig durch die Kugel gesteckt und dient als Achse. Die Löffel werden gleichmäßig verteilt in den Außenrand der Kugel gesteckt.

Experimente:
- Die Kinder testen, wo das Wasser auftreffen muss, damit sich das Rad besonders schnell dreht (außen).
- Sie halten das Wasserrad unter einen kräftigen und anschließend unter einen dünnen Wasserstrahl und beobachten, dass das Rad sich schneller bzw. langsamer dreht.
- Durch den Bau verschiedener Wasserräder können sie herausfinden, ob schmale oder breite Schaufeln besser funktionieren.
- Die Kinder können ausprobieren, ob viele oder wenige Schaufeln das Rad besser drehen lassen. Sie fangen mit einer Schaufel an, stecken dann gegenüber noch eine hinein und bauen das Rad so nach und nach auf. Jedes Mal wird geschaut, wie sich das Rad dreht.

Schaufelräder

Wenn Wasser auf ein „Schaufelrad" trifft, wird dieses weggedrückt. Da das Rad über die Achse drehbar gelagert ist, wird die Bewegung in eine Rotation umgewandelt. Dadurch, dass es mehrere Schaufelräder gibt, wird die Drehbewegung in Gang gehalten. So wird die zugeführte Energie des Wassers in Bewegungsenergie umgewandelt.

Bauen und konstruieren

Bauen und Konstruieren sind elementare technische Tätigkeiten, die den Kindern besonders gut zugänglich sind. Bauklötze sind ein beliebtes Spielzeug, weil sich aus ihnen immer wieder neue, kreative Dinge bauen lassen. Hier wird das Bauen nun einmal systematisch betrachtet: Welche Möglichkeiten ergeben sich dadurch, dass verschiedene Bauweisen gewählt werden? Wie kann man stabil bauen oder Fenster und Türen einfügen?

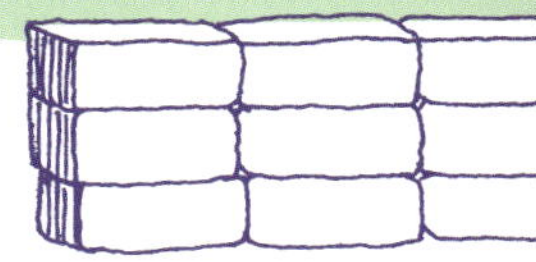

Mauerbau

Das können die Kinder erfahren:
Je nachdem, wie Bauklötze aufeinander geschichtet oder aneinander gelegt werden, lassen sie sich zu Flächen, Mauern, Türmen, stabilen oder labilen Gebilden (Standfestigkeit, Gleichgewicht) zusammenstellen. Ein Mauerverband mit Versatzbauweise ist stabiler als gerade übereinander geschichtete Steine.

Das wird gebraucht:
Holzbauklötze in zwei Größen (ca. 4 cm x 8 cm x 2,5 cm und 4 cm x 16 cm x 2,5 cm), fester, ebener Bauuntergrund z. B. Parkettboden

Tipp:
Pressholz nehmen und im Baumarkt oder beim Tischler zusägen lassen.

So geht's:
Zunächst sollten die Kinder frei ausprobieren. Dann werden sie dazu aufgefordert, gezielt zu experimentieren.

Experimente:

- Die Kinder probieren aus, welcher Untergrund sich zum Bauen mit Bauklötzen eignet (auch Teppichboden).
- Sie bauen mit Bauklötzen einer Größe ohne Versatz eine Mauer. Diese Mauer vergleichen sie dann mit einer Mauer, die in Versatzbauweise gebaut ist. Durch Pusten oder leichtes Schubsen überprüfen sie die Standfestigkeit beider Mauern.
- Sie bauen mit langen und kurzen Bauklötzen eine Ecke.
  Die Schwierigkeit besteht darin, dass an der Ecke kurze und lange Bausteine kombiniert werden müssen. Es sollen keine Steine aus der Mauer herausragen und gleichzeitig die Versatzbauweise berücksichtigt werden.

Tipp:
Ziegel aus Ton formen

Aus Ton können Kinder ihr eigenes Baumaterial herstellen.

Das wird gebraucht:

Ton, Messer, Streichholzschachteln

So geht's:

Für jedes Kind eine Scheibe von dem Tonklotz abschneiden (etwa so dick, wie die Streichholzinnenschachtel tief ist). Innenteile von Streichholzschachteln zur Verfügung stellen. Die Kinder drücken die Ränder der Streichholzinnenschachtel zunächst in den weichen Ton ein wenig hinein, sodass sie sehen können, wie groß das Tonstück sein muss, das sie ausschneiden. Dann schneiden sie den Ton zurecht und füllen ihn in die Schachtel. Der Ton wird mit den Fingern geglättet, sodass die Schachtel gut ausgefüllt ist. Dann wird der Ziegel aus der Form genommen und auf eine Platte zum Trocknen gelegt.

Türme, Häuser und Brücken

Als Einstieg können die Kinder darüber sprechen, wie ein Haus aussieht, welche Funktionen, welche Teile Häuser haben (Keller, Dachboden, Balkon ...). Sie können darüber berichten, welche Türme und Brücken sie kennen und wie diese aussehen.
Die Kinder denken darüber nach, wie Gebäude hergestellt werden: Welches Material wird benötigt und wie wird es verwendet?

Türme bauen

Experimente:

- Die Kinder erhalten die Aufgabe, (experimentell und kreativ) einen stabilen Turm zu bauen (durch Pusten und leichtes Rütteln überprüfen).
- Dann sollen die Kinder einen runden Turm bauen (Versatzbauweise). Bei diesem Turm kann im Anschluss getestet werden, wo und wie viele Steine man aus der Turmmauer herausnehmen kann, ohne dass der Turm zusammenfällt.

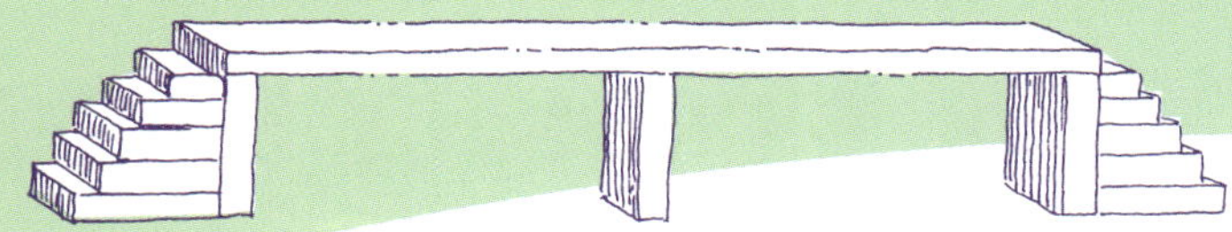

Häuser bauen

Experimente:

Die Kinder erhalten die Aufgabe

- ein Haus mit Fenstern zu bauen. Die Schwierigkeit liegt darin, dass die Versatzbauweise auch nach Unterbrechung durch Fenster fortgesetzt werden muss;
- verschiedene Häusertypen zu konstruieren (z. B. Kirche, Hochhaus);
- mit allen Kindern zusammen eine Stadt mit verschiedenen Häusertypen zu bauen. Als Straßen dienen Papierstreifen.

Tipp:

Für eine Stadt ist es auch möglich, Häuser aus Schachteln zu bauen, die haltbar zusammengeklebt werden können. Eine weitere Idee zum Thema „Hausbau": Ein Zimmer in einem Schuhkarton einrichten; Möbel und andere Einrichtungsgegenstände aus Pappe, Verpackungsschachteln, Abfallmaterial usw. herstellen (z. B. Streichholzschachteln, Bierdeckel, Stoffreste, Toilettenpapierrolle, Korken, Streichhölzer, Watte, Kronkorken, Garnrollen).

Brücken bauen

Experimente:

Die Kinder erhalten die Aufgabe, aus Bauklötzen

- eine Fußgängerbrücke zu bauen, die über eine zweispurige Straße führt;
- eine Fantasiebrücke, eine Brücke mit mehreren Stockwerken oder eine besonders lange Brücke zu bauen.
- Interessant sind auch Kombinationen aus Bauklötzen und Papier, z. B. eine Brücke aus Holzpfeilern und einem Pappträger (Bastelkarton zu einem U-Profil geknickt) zu bauen, die möglichst viel Gewicht tragen kann
- oder eine Brücke aus Papierpfeilern (zu Rohren geformt, im Vierkant oder zum Dreieck geknickt) und Holzträger (Platte).

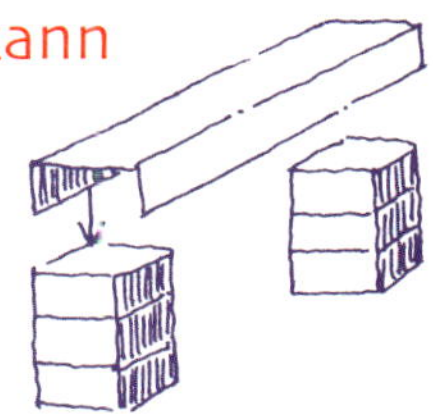

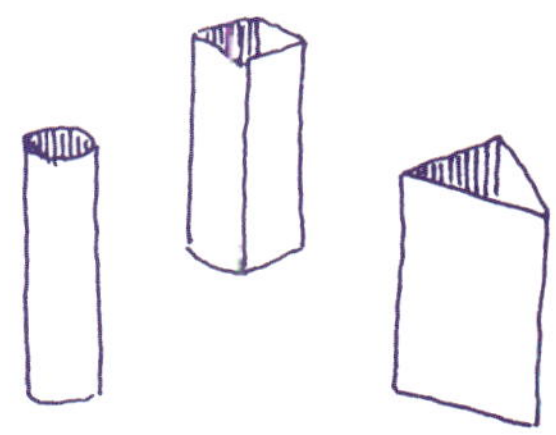

Bauen und konstruieren

Kugelbahnen und Tunnel

Rollende Kugeln sind faszinierend und das nicht nur für Kinder. Bei vielen Spielen, wie dem Kegeln, Billard oder Golf, bilden Kugeln und ihr Verhalten die Grundlage.

Das können die Kinder erfahren:
Kugeln rollen von selbst, wenn die Bahn abschüssig ist. Ist die Bahn zu steil, schießt die Kugel über den Rand hinaus. Ist die Bahn flach, läuft die Kugel langsamer.

Sand-Kugelbahn

Das wird gebraucht:
Sand im Sandkasten, Kugel
(ca. 6 bis 8 cm im Durchmesser)

So geht's:
Der Sand wird kegelförmig angehäuft. Von der Spitze aus wird mit den Fingern eine vertiefte Bahn für die Kugel spiralförmig eingedrückt.

Experimente:

- Die Kinder lassen die Kugel auf der angelegten Bahn nach unten laufen und finden heraus, an welchen Stellen die Kugel ausbricht. Hier muss die Wand der Bahn höher gebaut werden.
- Die Kinder bauen eine Bahn, auf der die Kugel möglichst schnell durchläuft (steile Bahn).
- Sie bauen eine Bahn, auf der die Kugel möglichst lange läuft (flache Bahn).

Papp-Kugelbahn

Das wird gebraucht:

Bastelpappe, Kartons, Schachteln, Pappröhren (Haushaltspapier, Toilettenpapier), Klebstoff, Kugeln (Murmeln), Klebestreifen (Krepp- oder Malerband)

So geht's:

Einen Karton mit der geschlossenen Seite nach oben aufstellen. Aus Bastelpappe, Schachteln, Pappröhren und Klebestreifen zum Fixieren eine Bahn bauen, auf der die Kugel nach unten rollen kann. Die Pappröhren können auch als Zwischenstützen verwendet werden.

Experimente:

- Die Kinder können versuchen, eine Kurve in die Bahn hineinzubauen.
- Sie können versuchen, eine Verzweigung zu bauen.

Tunnel

Das wird gebraucht:

Sand im Sandkasten, Wasser

So geht's:

Um einen Tunnel bauen zu können, muss der Sand eine gewisse „Festigkeit" haben (festklopfen, anfeuchten). Der Sand wird kegelförmig angehäuft. In diesen Berg wird nun ein Tunnel eingegraben.

Experimente:

- Die Kinder graben den Tunnel nur von einer Seite aus durch den Berg hindurch.
- Sie graben einen Tunnel von zwei Seiten gleichzeitig. Hier tritt das Problem der Passung auf.
- Die Kinder probieren aus, einen mit zu trockenem Sand gebauten Tunnel zu stabilisieren, indem sie den Sand anfeuchten oder ihn mithilfe von Pappe oder Ästen stützen.

Im Gleichgewicht

Das Spiel mit dem Gleichgewicht ist den Kindern bereits von Wippen her vertraut. Sie haben gelernt, dass sie nur mit einem gleich schweren Partner wippen können, ohne auf die Sitzposition achten zu müssen. Ist der Partner schwerer oder leichter, müssen sie weiter nach außen bzw. zur Mitte der Wippe rücken. Hier können sie nun die Gesetzmäßigkeiten etwas genauer untersuchen.

Das können die Kinder erfahren:
Wenn ein Gleichgewicht herrschen soll, muss auf beiden Seiten eines in der Mitte gelagerten Balkens das gleiche Gewicht aufliegen. Ist der Balken nicht in der Mitte, sondern seitlich gelagert, müssen die Gewichte auf beiden Seiten unterschiedlich groß sein.

Wippe

Das wird gebraucht:
Bauklötze, „Balken" (ca. 4 cm breit, 30 cm lang, 2 cm hoch)

So geht's:
Der Balken wird auf einem hochkant gestellten Bauklotz mittig gelagert. Auf beiden Seiten müssen nun gleichzeitig zwei gleich schwere Bauklötze aufgelegt werden.

Experimente:

- Die Kinder legen die Bauklötze nacheinander auf und schauen, was passiert.
- Sie legen einseitig mehrere Gewichte auf und halten die andere Seite mit dem Finger im Gleichgewicht.
- Sie bauen die Gewichtstürme so hoch wie möglich.

Schiefe Wippe

Das wird gebraucht:

Bauklötze, „Balken" (ca. 4 cm breit, 30 cm lang, 2 cm hoch)

So geht's:

Der Balken wird auf einem hochkant gestellten Bauklotz etwas außerhalb der Mitte gelagert. Auf beiden Seiten muss das Gewicht nun so austariert werden, dass die Wippe nicht kippt.

Experimente:

- Die Kinder erhalten die Aufgabe, einseitig mehrere Gewichte aufzulegen und die andere Seite mit dem Finger im Gleichgewicht zu halten.
- Sie bauen die Gewichtstürme so hoch wie möglich.

Waage

Das wird gebraucht:

Lineal, Korken, Knetgummi

So geht's:

Der Korken wird mithilfe von etwas Knetgummi auf der Tischplatte befestigt, sodass er nicht hin- und herrollen kann. Das Lineal wir mittig darauf gelegt. Nun werden aus dem Knetgummi gleich große und unterschiedlich große Kugeln geformt.

Experimente:

Die Kinder erhalten die Aufgabe

- zwei Kugeln herzustellen, die gleich viel wiegen;
- ein Gleichgewicht mit unterschiedlich schweren Kugeln herzustellen.

Bauen und konstruieren

Ein eigenes Theater bauen

Ein eigenes Theater zu bauen macht Kindern großen Spaß. Es besteht aus selbst gestalteten Papierkulissen und Stabfiguren. So ein Theater eignet sich gut, um vorgelesene Geschichten nachzuspielen oder eigene Fantasiegeschichten zu erfinden. Figuren und Kulissen werden jeweils passend zueinander erstellt. Gespielt wird hinter einem aufgestellten Tisch, der mit Requisiten ausgestattet ist.

Kulissen

Das wird gebraucht:

weiße Tapeten oder andere große Papierbahnen, Kreppband, Wasser- oder Abtönfarben, Schwamm, Pinsel, Leine, Wäscheklammern

So geht's:

Mit Kreppband werden mehrere Papierbahnen auf der Rückseite aneinander geklebt. Nun erfolgt die Bemalung: Dazu wird zunächst mit einem Schwamm ein Hintergrund auf die gesamte Fläche aufgebracht. Nach dem Trocknen werden mit Pinseln gut deckend Pflanzen, Tiere, Landschaft oder Gebäude aufgemalt. Die Bahnen werden nach dem Trocknen mit Wäscheklammern an der aufgespannten Leine befestigt.

Stabfiguren

Das können die Kinder erfahren:
Spiegelbildliche Abbildungen passen, Rücken an Rücken aufeinander geklebt, genau zusammen. Durch einen eingefügten Stab wird eine neue Funktionseinheit geschaffen: Die Einzelteile werden zur Figur. Vor selbst gefertigten Kulissen werden diese Figuren wiederum eingebunden in einen neuen funktionellen Zusammenhang: Es entsteht ein Theater.

Das wird gebraucht:
Pappe, Schaschlikstäbe, Buntstifte, eventuell Kopien oder Schablonen

So geht's:
Die Kinder zeichnen Umrissfiguren auf Pappe und schneiden sie doppelt aus. Die Figuren werden spiegelbildlich gegenüber gelegt und dann angemalt. Wahlweise können Figuren aus Büchern kopiert, ausgeschnitten, angemalt werden. Die Figuren werden mit den Rückseiten aneinander geklebt, indem der Stab mittig dazwischengelegt wird.

Bewegung

Technische Lösungen für bestimmte Probleme zeichnen sich oft gerade dadurch aus, dass Kräfte umgelenkt werden, wodurch eine Bewegung entstehen kann. Das Rad als eine der wichtigsten technischen Erfindungen macht das besonders deutlich. Um ein Fahrzeug mithilfe von Rädern zu bewegen, sind Achsen nötig, die das Chassis mit den Rädern verbinden.
Wenn Kräfte von außen auf Gegenstände einwirken, können diese aber nicht immer alle umgelenkt werden. Der Wind, der ein Segelboot antreibt, ist oftmals zu stark. Er drückt das Boot auf die Wasseroberfläche. Um dies zu verhindern, wird ein Gegengewicht, der Kiel angebracht.

Auto

Kinder kennen viele Fahrzeuge, sie können sie unterscheiden und erkennen sogar oft Automarken auf den ersten Blick, sie können Teile eines Autos benennen und deren Zweck erklären. Wie Autos rollen, können die Kinder selbst an einem einfachen Funktionsmodell erproben.

Das können die Kinder erfahren:
Achsen und Räder bilden eine Einheit, durch die das Fahrzeug rollen kann.

Das wird gebraucht:
Pappschachtel (etwa 10 x 20 x 6 cm), 2 Schaschlikstäbe, 4 Holzräder mit Loch in der Mitte (Ø 3 cm, Baumarkt) oder 1 cm dicke Abschnitte von Bastelkorken, Knete, Pappe, Prickelnadel, Schere

So geht's:

Zuerst eine Schablone mit Mittelloch anfertigen.

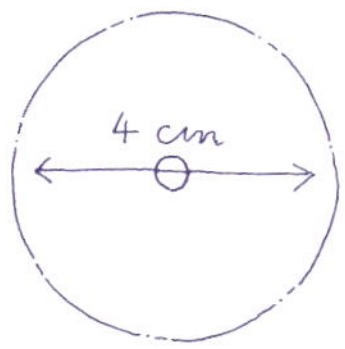

Den Pappkarton wie ein Auto bunt und mit Türen und Fenstern bemalen. Mit der Prickelnadel am unteren Rand der langen Kante auf jeder Seite genau gegenüberliegend zwei Löcher einstechen. Durch die Löcher je einen Schaschlikspieß schieben. Den Schaschlikspieß je nach Kartonbreite kürzen. Nun die Räder auf die Schaschlikstäbe stecken. Aus der Pappe mithilfe der Schablone vier runde Plättchen (Ø ca. 4 cm) ausschneiden und in jedes Plättchen in der Mitte ein Loch stechen. Je ein Plättchen vor das Rad und etwas Knete davor schieben, um das Rad zu befestigen.

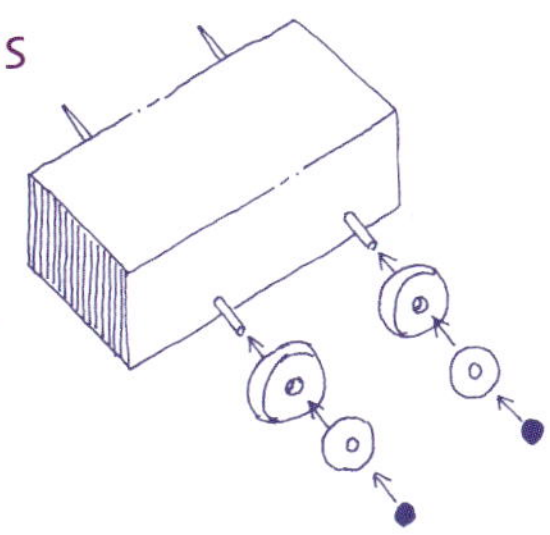

Experimente:

- Die Kinder lassen das Auto eine Schräge (Brett, schräg gestellter Tisch) hinunterrollen.
- Die Kinder testen die Möglichkeiten der Verbesserung des Rollverhaltens: Mögliche Probleme können sein, dass die Achsen nicht genau gegenüberliegend sind oder die Räder nicht frei laufen können.

Tipp:

Aus sauber ausgespülten Milchtüten lassen sich, wie man zum Beispiel in der Abbildung sehen kann, prima Autos basteln.

Lastwagen

Das wird gebraucht:

Styroporteile (rechteckig, Verpackungsmaterial oder aus Platten geschnitten), Styroporkleber, 4 Holzräder mit Loch in der Mitte (Ø 3 cm, Baumarkt), Filzstifte, 5 cm lange Holzschrauben. Auf diesen Schrauben sollen sich die Räder gut drehen können, das heißt, die Löcher in den Rädern dürfen nicht zu groß sein, da das Rad sonst eiert.

So geht's:

Die Räder auf die Schrauben stecken und die Schrauben gegenüberliegend in das Styropor drehen (feste Achse). Auf ein größeres Styroporteil weitere kleinere Teile für das Führerhaus und den Aufbau aufkleben. Fenster, Türen und Scheinwerfer aufmalen.

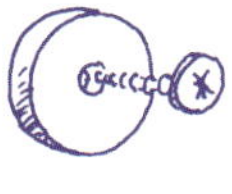

Experimente:

- Die Kinder lassen den Lkw auf einer Schräge (Brett, schräg gestellter Tisch) rollen.
- Sie suchen nach Möglichkeiten der Verbesserung des Rollverhaltens. Probleme können sein, dass die Schrauben nicht genau gegenüber liegen, dass sie schräg eingedreht wurden oder nicht die richtige Höhe oder den richtigen Abstand haben, die Räder nicht frei laufen können.
- Die Kinder legen bei einem gut laufenden Lkw unterschiedliche Gewichte hinein, um zu testen, wie sich das Fahrverhalten dadurch ändert.
- Sie führen ein Wettrennen mit und ohne Gewichte durch.

Anhänger

Die Kinder können einen oder mehrere zusätzliche Anhänger bauen. Diese werden mithilfe von Schrauben, die in das Styropor eingedreht werden, und einer aufgebogenen Büroklammer miteinander verbunden.

Strandsegler mit Rädern

Das wird gebraucht:

Streichholzschachteln, Schaschlikstäbe (halbiert), bunte Notizzettel, Bastelkorken, Flüssigkleber, Prickelnadel

So geht's:

Der Korken wird in 1,5 cm dicke Scheiben geschnitten. Für jedes Fahrzeug werden fünf Räder benötigt. Mittig wird mit der Prickelnadel ein kleines Loch für die Achse hineingestochen. An beiden Seiten der Schachtel werden möglichst genau gegenüberliegend je zwei Löcher für die Achsen gebohrt. Das Innenteil der Streichholzschachtel wird als Wagenkörper verwendet. Die Kinder stecken die Zahnstocher (Achsen) durch die Löcher und darauf die Korkräder. Die Räder müssen locker laufen können. In die Schachtel hinein wird eine Korkscheibe geklebt, in die der Mast eingesteckt werden kann. Als Segel dienen die Notizzettel.

Bewegung

Hampelhase

Das können die Kinder erfahren:
Durch Gelenke kann eine Figur beweglich werden. Der Zug an einer Leine, die an einem Punkt angreift, der über die Gelenkstellen drehbar ist, bewirkt ein Heben und Senken der Arme und Beine.

Das wird gebraucht:
Bastelpappe, Schere, Prickelnadel, Musterbeutelklammern, Faden

So geht's:
Zunächst die Schablonen mit Löchern für die Markierung der Gelenkstellen zeichnen und ausschneiden. Die Vorlage für den Hampelhasen auf Seite 47 kann dafür abgepaust oder (vergrößert) kopiert werden.
Die Schablonen werden auf die Bastelpappe gelegt und umzeichnet, die Hampelhasenteile angemalt und ausgeschnitten.
Die Gelenkstellen mit Musterbeutelklammern zusammenfügen.
Die Enden der Arme und Beine jeweils mit einem kleinen Stück Faden verbinden. Diese Fäden mittig mit einem langen, nach unten hängenden Zugfaden versehen.

Hampelmann

Der Hampelmann zeigt eine Gelenk-Variante: Es können mit weiteren Klammern zusätzliche Gelenke, beim Muskelmann die Kniegelenke, eingebaut werden. Dadurch baumeln die Beine lustig, wenn man am Faden zieht.

3

Schwimmer und Segelboot

Wenn Wind in das Segel eines Bootes bläst, dann neigt es sich zur Seite. Man sagt, es „krängt". Durch den Kiel, der einen großen Teil des Gewichts des gesamten Bootes ausmacht, wird verhindert, dass das Boot vollends umkippt. Als Gegengewicht richtet der Kiel das Boot wieder auf. Auf gleiche Weise funktionieren auch Spielzeuge, die sich wieder aufrichten, wenn man sie seitlich anschubst.

Das können die Kinder erfahren:
Gewichte machen es möglich, dass schwimmende Gegenstände aufgerichtet werden können. Es hängt von dem Gewicht ab, wie weit der Gegenstand untergeht. Der Kiel eines Segelbootes richtet das Boot nach einer Windbö wieder auf.

Schwimmer

Das wird gebraucht:
Korken, Zahnstocher, Prickelnadel, Knetgummi, wasserfester Filzstift, Wanne mit Wasser

So geht's:
Den Korken mit einem Gesicht bemalen. Zahnstocher und Knetgummi bereithalten. „Kopf" eventuell mit Haaren (Federn, Papierstreifen) verzieren.

Tipp:
Das Loch für die Zahnstocher mit einer Prickelnadel vorstanzen.

Experimente:
- Die Kinder setzen den Korken in das Wasser und beobachten ihn. (Er legt sich auf die Seite.)
- Dann kleben sie unten an den Korken Knetgummi und lassen ihn schwimmen.

- Jetzt stecken die Kinder Zahnstocher in eine Knetgummikugel und das andere Ende des Zahnstochers unten in den Korken. Das Korkenmännchen richtet sich auf.
- Was ändert sich dadurch, dass die Größe der Knetgummikugel verändert wird? (Der Schwimmer stabilisiert seine Lage, sinkt aber tiefer ein.)

Segelboot mit Kiel

Das wird gebraucht:

Korken, Zahnstocher, Prickelnadel, Knetgummi, wasserfester Filzstift, Wanne mit Wasser, buntes Bastelpapier, Klebestift

So geht's:

Für das Segel ein Dreieck aus Papier ausschneiden. Das Segel bunt bemalen und doppelt knicken, um den Zahnstocher legen und festkleben. Den Segelmast (Zahnstocher) in den Korken stecken. Das Loch mit der Prickelnadel vorpieksen.

Den Kiel bildet ein unten mittig eingesteckter und mit einer Knetgummikugel beschwerter Zahnstocher.

Experimente:

- Die Kinder pusten das Segelboot an und beobachten es.
- Jetzt schubsen sie das Boot seitlich an.
- Anschließend verändern sie die Segelstellung und pusten erneut.

Segelboot

Das Boot wird durch den Winddruck auf die Segel seitlich weggedrückt. Der Kiel ist so schwer, dass er durch die Erdanziehung nach unten gezogen wird. Diese Kraft richtet das Boot wieder auf, sobald der Winddruck etwas nachlässt.

Textil und Papier

Textile Techniken sind bereits sehr alt. Schon in der Steinzeit fertigten die Menschen Fäden aus Fasern an und lernten zu knoten, zu flechten und zu weben. Diese textilen Techniken eignen sich hervorragend, um deutlich zu machen, dass einzelne, für sich wenig stabile Teile (Fasern oder Fäden) durch das Verbinden zu einem festen, stabilen Ganzen werden können.
Papier stellt ebenfalls einen solchen Verbund aus Fasern dar. Vor etwa 2200 Jahren erfanden die Chinesen dieses bis heute so bedeutsame Material. Stoff und Papier eignen sich hervorragend zum Bedrucken. Mit unterschiedlichen Materialien können die Kinder die Technik des Druckens ausprobieren. Kein Material ist so wandelbar wie das Papier. Es lässt sich schneiden, reißen, knicken, rollen, knittern und falten. Dadurch kann es zu flächigen, aber auch zu räumlichen Formen umgestaltet werden. Durch die Verformung erhält Papier eine stabilere Gestalt.

Kordeln und Flechten

Aus Fäden feste Kordeln und Flechten herzustellen, hat für Kinder eine besondere Faszination. Es erfordert etwas Geduld und Fingerfertigkeit, macht jedoch viel Spaß.

Das können die Kinder erfahren:
Aus einzelnen Fäden entstehen feste Bänder. Durch die Variation der Farben können Muster gebildet werden.

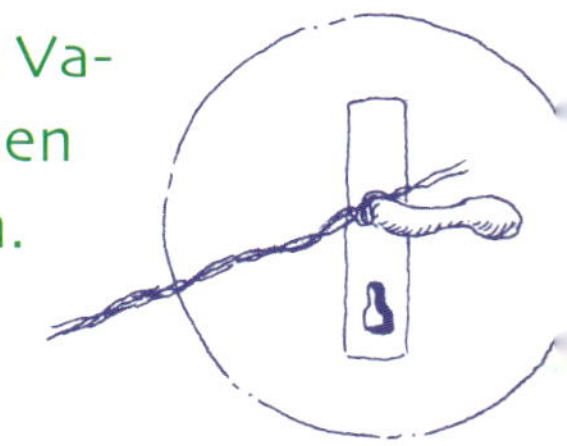

Kordeln

Das wird gebraucht:
unterschiedlich farbige Wolle (auch Kunststoffgarn möglich), Stifte

So geht's:
Einen circa drei Meter langen Wollfaden doppelt nehmen (eventuell mehrere Wollfäden nehmen), am Ende zusammenknoten. Ein Ende am Türknauf anhängen. Durch das andere einen Stift stecken (Holz, nicht zu glatt). Das Ganze gestrafft halten und den Stift in eine Richtung drehen, bis der Faden gut gedrillt ist. Ein Partner nimmt den gedrillten Faden mittig in die Hand. Achtung: Weiterhin straff halten! Dann mit dem Ende zum Türknauf gehen. Der Partner lässt nun los.

Tipp:
Die eventuell entstehenden Unregelmäßigkeiten beim Verdrillen werden durch vorsichtiges Ausstreichen beseitigt.

Experimente:
- Die Kinder drehen die Fäden unterschiedlich oft, um herauszubekommen, wie sich die Kordel am besten verdrillt.
- Sie verdrehen unterschiedlich farbige Wollfäden miteinander.

Flechten

Das wird gebraucht:
Ca. 30 cm lange, möglichst dicke Wollfäden, mehrere Farben (auch Kunststoffgarn), Sicherheitsnadeln

So geht's:
Drei Fäden werden am Ende miteinander verknotet. Mit einer Sicherheitsnadel durch den Knoten stechen und die Nadel über dem Knie am Hosenbein befestigen. Die Fäden auseinander legen. Immer den jeweils äußeren in die Mitte legen und leicht festziehen.

Experimente:
- Die Kinder verwenden gleiche oder unterschiedliche Farben.
- Sie verwenden dicke und dünne Fäden und beobachten, dass sich unterschiedlich dicke Flechten ergeben.

Textil und Papier

Weben

Ein Gewebe entsteht durch das Verkreuzen von Fäden. Die Kettfäden werden aufgespannt, die Schussfäden werden hindurchgesteckt, sodass abwechselnd ein Kettfaden und ein Schussfaden oben liegen. Dieses einfache Prinzip, das von den Wikingern z. B. auch für die Herstellung von Zäunen und Wänden eingesetzt wurde, können die Kinder am besten durch eigenes Tun kennen lernen.

Das können die Kinder erfahren:

Aus einzelnen Fäden entsteht durch Verkreuzen ein festes Gewebe. Durch die Variation der Farben können Muster gebildet werden.

Das wird gebraucht:

unterschiedlich farbige Wolle (auch Kunststoffgarn), Pappe von der Rückseite von Malblöcken, Schere, Locher, breitzinkiger Kamm, eventuell Stoffstreifen

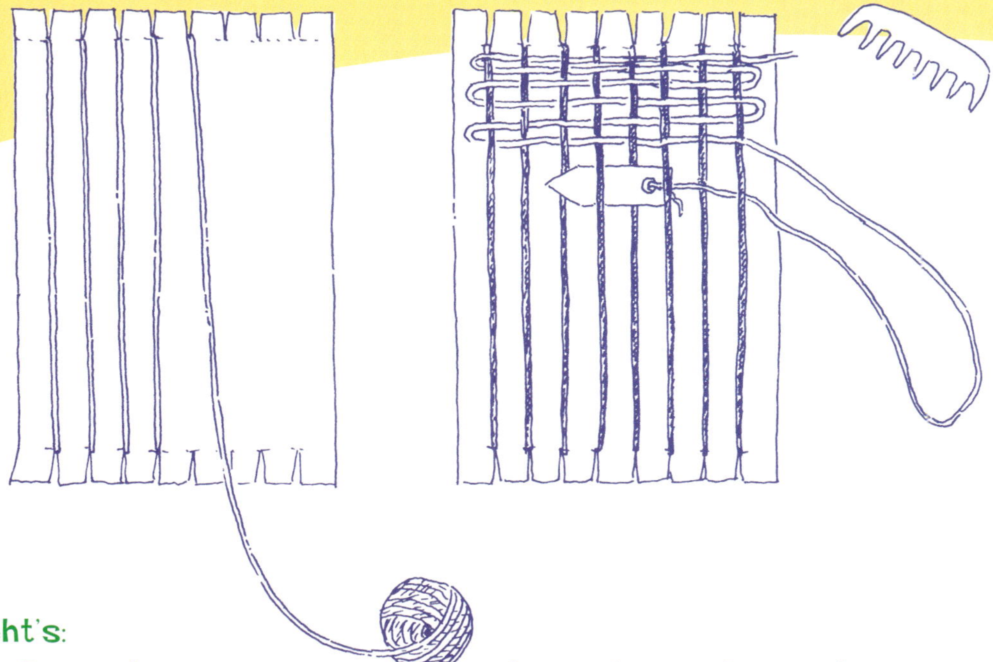

So geht's:

Aus der Pappe circa 15 x 11 cm große Stücke zurechtschneiden. Oben und unten gegenüberliegend in Abständen von 5 mm etwa 5 mm tiefe Einschnitte anbringen.

Zum Aufspannen der Kettfäden festen Faden durch den ersten Einschnitt ziehen. Das Ende auf der Rückseite mit Klebestreifen festkleben. Nach unten führen, durch den Einschnitt ziehen, auf der Rückseite wieder hoch und so weiter bis zum Schluss. Hier den Faden wieder festkleben. Für die Schussfäden dicke lange Wollfäden an ein spitz zugeschnittenes Schiffchen knoten, unten beginnend jeweils einmal über und einmal unter den Kettfäden durchlegen. Am Ende wenden. Die Fäden mit einem breiten Kamm zusammenschieben.

Tipp:

Beim Wenden den Faden nicht zu fest ziehen, sondern locker lassen, sonst zieht sich die Arbeit nachher zu einer „Taille" zusammen.

Experimente:

- Muster werden durch unterschiedliche Wollfarben erzeugt (Streifen).
- Die Kinder verweben abwechselnd Stoffstreifen und Wolle.

Textil und Papier

Papier herstellen

Das wird gebraucht:
Eierkartons, heißes Wasser, Mixer, altes Handtuch, viel Zeitungspapier, Teesieb, Küchenmesser, Dispersionsfarben

So geht's:
Die Eierkartons in kleine Stücke zerreißen und in heißem Wasser aufweichen. Mit einem Mixer zu einem flüssigen, sämigen Brei verarbeiten. Den Brei in kleinere Portionen abteilen und mit Dispersionsfarben einfärben. Die Kinder schöpfen mit Sieben etwas von dem Brei ab und lassen ihn abtropfen. Sie drücken die Flüssigkeit eventuell leicht mit den Daumen aus dem Papierbrei heraus. Dann wird diese „Halbkugel" auf Zeitungspapier gestürzt, das auf dem Handtuch ausgebreitet wurde. Mit den Fingern wird das Ganze glatt gedrückt. Mit dem Messer werden diese Stücke vorsichtig abgehoben und auf trockenes Papier gelegt. Diesen Vorgang mehrmals wiederholen. Nach dem Trocknen (ca. 1–3 Tage) ergeben sich kleine unregelmäßige Papierfladen.

Tipps:
- Das Trocknen wird beschleunigt, wenn die Fladen zwischen die Blätter eines alten Telefonbuchs gelegt werden: Die Kinder stellen sich darauf und pressen so das Wasser heraus.
- Um noch interessantere Ergebnisse zu erzeugen, können dem Brei getrocknete Blüten zugegeben werden.

- Werden die Fladen entzweigerissen, ergeben sich Formen, die die Kinder anregen, Gesichter oder Fantasiefiguren zu erkennen oder daraus zu gestalten.
- Die Fladen können auf buntes Tonpapier aufgeklebt und als Ausgangpunkt für Collagen oder Gemälde (Blumenwiese) verwendet werden.

Kleisterpapier

Kindern macht es großen Spaß, eigenes Geschenkpapier herzustellen. Kleisterpapier ist besonders attraktiv, weil ein großer Spielraum für Kreativität besteht.

Das können die Kinder erfahren:
Farben und Kleister lassen sich zu schönen Mustern verarbeiten. Nach dem Trocknen kann das Papier durch Wachs Glanz bekommen und haltbarer werden.

Das wird gebraucht:
Fotokarton oder Papier in hellen Farben, Acrylfarben oder Wasserfarben, angerührter Tapetenkleister, breiter Pinsel, schmaler Pinsel, Zahnstocher, breitzinkiger Kamm, farblose Schuhcreme und weiche Schuhbürste oder Lappen

So geht's:
Die Pappe oder das Papier wird mit dem breiten Pinsel gleichmäßig mit Kleister bestrichen. Die Farbe wird mit dem dünneren Pinsel in dicken Klecksen oder Streifen in den Kleister gesetzt. Die Muster werden mit dem Kamm (in Wellenlinien), mit Zahnstochern, Pappstreifen oder Fingern gezogen. Kreise können mit einem Becher erzeugt werden. Das Papier zwei Tage durchtrocknen lassen, dann dünn mit Schuhcreme einreiben und mit der Bürste oder weichem Lappen polieren.

Papier bedrucken

Das wird gebraucht:
Papier, Moosgummi, Holzklötze (Reste aus dem Baumarkt, ca. 5 x 5 cm), Flüssigkleber, Wasserfarben, Pinsel

So geht's:
Aus dem Moosgummi werden verschiedene geometrische Formen ausgeschnitten und auf die Holzklötze geklebt. Nach dem Trocknen des Klebstoffs werden die Stempel mit Wasserfarben dick eingestrichen und das Papier damit bedruckt.

Tipp:
Werden symmetrische Formen zugeschnitten, ist das Druckbild dem Stempel ähnlich. Unsymmetrische Muster (wie z. B. Zahlen, Buchstaben und Tiere) erscheinen abgedruckt spiegelverkehrt. Sie müssen andersherum aufgeklebt werden, als sie ausgeschnitten wurden. Werden mehrere Formen auf eine Nudelrolle geklebt, ergibt sich ein „Rollstempel".

Stoffdruck mit Obst und Gemüse

Das können die Kinder erfahren:
Halbierte Früchte eignen sich hervorragend zum Drucken. Es entstehen reproduzierbare Bilder, die zu Mustern zusammengefügt werden können.

Werden mehrere Farben übereinander aufgetragen, ergeben sich Mischfarben. Eine ausgeschnittene Rundung aus dem Apfel lässt ihn wie angebissen aussehen. Mit den Früchten druckt man sorgfältig auf Stoff (Baumwolle), weil man bei der Verwendung von Lebensmitteln darauf achten sollte, haltbare und langlebige Produkte zu erstellen.

Das wird gebraucht:
Äpfel, Zwiebeln, Paprika, Stoffdruckfarben, weißer Baumwollstoff, Pinsel

So geht's:
Die Früchte werden halbiert, mit Farbe eingestrichen und auf den Stoff gedrückt. Einen Moment lang so halten, damit die Farbe einziehen kann. Dann vorsichtig abheben. Um einen andersfarbigen Druck zu erzeugen, wird die Frucht abgewaschen, getrocknet und mit einer anderen Farbe eingestrichen.

Tipp:
Werden die Stoffstücke einlaminiert, ergeben sich schöne, individuelle Tischsets.

Drucken

Durch das Drucken können Motive, Zahlen und Buchstaben vielfach abgebildet werden. Das ist wichtig für die Verbreitung von Informationen. Bevor Gutenberg (1400–1468) die Buchdrucktechnik erfand, wurden Bücher handschriftlich verfasst und kopiert. Dies war sehr teuer, weshalb nur begüterte Menschen Zugang zu Büchern hatten. Durch die Technik, bewegliche Buchstabenstempel (Lettern) zu verwenden, konnten Bücher preisgünstig gedruckt und allen Bevölkerungsschichten zugänglich gemacht werden.

Textil und Papier

Papier zu Figuren falten

Das können die Kinder erfahren:
Figuren aus Papier können so gefaltet werden, dass sie sich aufstellen lassen.

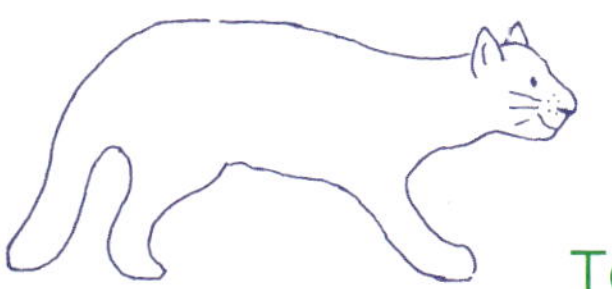

Das wird gebraucht:
eine halbe DIN-A4-Seite Tonpapier, eventuell Schablonen, Stifte, Schere

So geht's:
Das Papier doppelt knicken, die Figuren aufzeichnen beziehungsweise Schablonen anlegen und anzeichnen. Der Rücken des Tieres muss am Falz liegen. Die Figuren ausschneiden, anmalen und am Falz zum Aufstellen etwas auseinander falten.

Tipp:
Kinder können versuchen, eigene Entwürfe herzustellen (z. B. nach Bildvorlagen).

Figurenreihen aus Papier

Das wird gebraucht:
eine halbe DIN-A4-Seite buntes Papier (längs durchgeschnitten), Stift, Schere

So geht's:
Den Streifen durch Falten in der Breite halbieren, sodass eine Art querformatige Klappkarte entsteht. Erst die oben liegende Seite der „Klappkarte" noch zwei weitere Male durch Falten halbieren. Umdrehen und mit der unten liegenden Seite genauso verfahren. Eine halbe Figur aufzeichnen, wie in der Abbildung zu sehen ist.

Achtung:
Am Leib und an den Händen muss der Falz stehen bleiben, damit die Figuren nach dem Auseinanderfalten ganz sind. Dann das Papier auseinander ziehen.

Zahlen-Girlanden

Es lohnt sich, Zahlen als Motiv auszuprobieren. Die auseinander gefalteten Reihen sind richtige Überraschungsgirlanden.

Papier falten

Papier hat die besondere Eigenschaft, dass es durch Falten und Knicken von einem labilen zu einem stabilen Material werden kann. Dieses können die Kinder auch erfahren, wenn ein Fächer gebastelt, eine Rolle geformt oder ein Vierkant oder Dreieck aus einem Blatt Papier gefaltet wird.

Impressum

Hilde Köster ist Grundschullehrerin und zurzeit als Wissenschaftliche Mitarbeiterin an der Universität Hildesheim tätig. Ihr Arbeitsgebiet ist die kindgerechte Vermittlung naturwissenschaftlich-technischer Inhalte.

www.christophorus-verlag.de

Printed in Germany

ISBN 3-419-53212-1

Lektorat: Ute Löwenberg

Illustrationen: Gertrud Schrör

Fotos:
Hilde Köster: Seiten 10, 12, 20, 21, 22, 26, 30, 31, 32, 34, 34, 45, 55, 56
Miguel Perez: Seite 36
Heidi Velten: Seite 52

Umschlaggestaltung:
Network!, München

Layout & Satz:
Uwe Stohrer Werbung, Freiburg

Druck: Himmer, Augsburg 2005

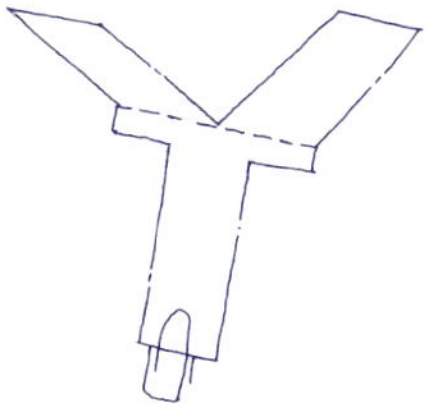
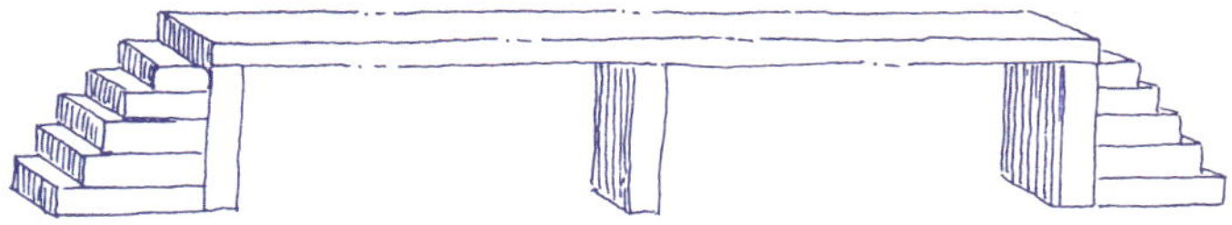

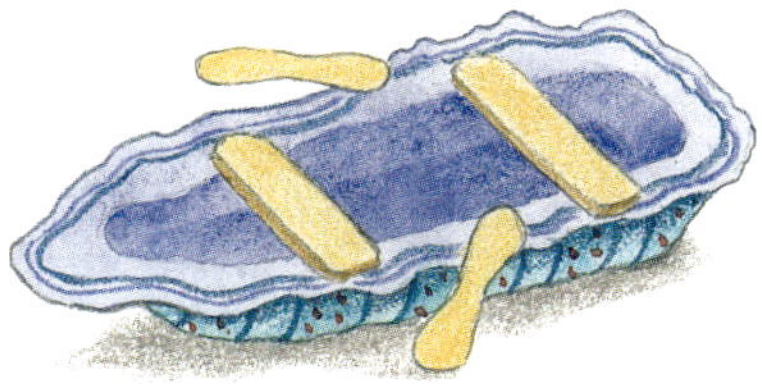

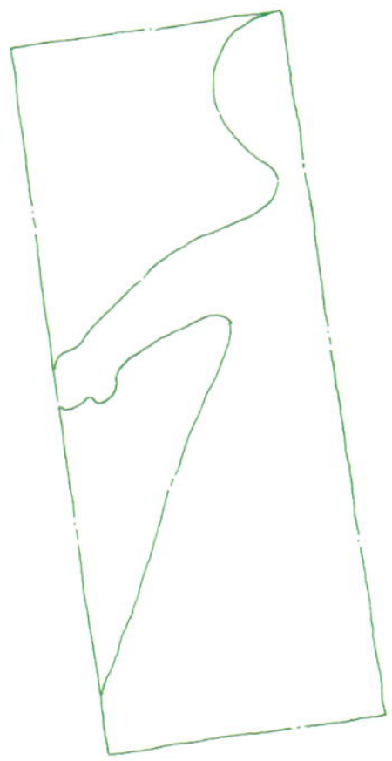